Círculo Rojo

MUCHO MÁS QUE FINANZAS
UN VIAJE INTERIOR

MUCHO MÁS QUE FINANZAS

UN VIAJE INTERIOR

Reescribe tu historia financiera
Descubre el poder de cambiar tu mentalidad

Gema González Palomo

Círculo Rojo
EDITORIAL

Primera edición: agosto 2025

Depósito legal: AL 5819-2025

ISBN: 979-13-7016-384-6
Impresión y encuadernación: Editorial Círculo Rojo

© Del texto: Gema González Palomo
© Maquetación y diseño: Equipo de Editorial Círculo Rojo

Editorial Círculo Rojo
www.editorialcirculorojo.com
info@editorialcirculorojo.com

Impreso en España - Printed in Spain

El papel utilizado para imprimir este libro es 100% libre de cloro y, por tanto, **ecológico**.

*A **mis hijos**, lo que más quiero en esta vida. Gracias por dar sentido a todo. Este libro es para vosotros.*

*A **Raúl**, mi compañero de vida y mi hogar. Gracias por estar siempre y por creer en mí.*

*A **mis padres y hermanas**, mis raíces. Gracias por vuestro amor. Todo lo que soy comienza en vosotros.*

*A **Carmen, mi amiga del alma**. Tu amistad fue un regalo en mi vida. Te fuiste demasiado pronto. Siempre en mi corazón.*

PRÓLOGO DE MARÍA DEL MAR HIDALGO DE CISNEROS

Al empezar a escribir este prólogo, me hice dos preguntas:

¿Cómo transmitir en pocas palabras la grandeza humana de Gema? ¿Y cómo haceros llegar el amor, la ilusión y la generosidad que ha volcado en cada página de este libro para que sea, además de una obra, un viaje transformador?

Este libro es una guía cercana para comprender cómo gestionamos nuestro dinero, qué emociones lo rodean y qué creencias limitantes nos impiden disfrutarlo: al gastarlo, al ahorrarlo o simplemente al relacionarnos con él.

Pero Gema no solo escribe: **comparte, inspira y acompaña**.

La conocí gracias a una amiga que ambas compartimos, Ana, con quien llevo recorriendo muchos kilómetros, de caminos y de vida, desde hace más de seis años. Gema se unió a una de nuestras caminatas y, desde ese primer encuentro, la conexión fue inmediata. Su capacidad de escuchar y compartir conocimientos convirtió cada paseo en una experiencia única.

Lo que empezó como una casualidad se transformó en un hábito que nos nutre. En esos encuentros, Gema me habló de su pasión por los libros de finanzas y del ser humano: sus creencias, sus huellas emocionales y cómo todo ello influye en nuestra relación con nosotros mismos, con los demás… y con el dinero.

Sentía que faltaba un libro que uniera esos dos mundos. Y así nació esta maravillosa idea: una obra que os va a cautivar, porque **no solo habla de dinero**.

En mis más de 30 años acompañando a personas y equipos, primero como directiva y después como coach, he aprendido que somos tan diferentes como iguales, con necesidades, anhelos y desafíos comunes. Por eso, este libro está dirigido a cualquiera que desee conocerse mejor y aprender a vivir con plenitud, no solo en lo material, sino también en lo emocional, lo intelectual... en todo lo que da sentido a la vida.

¿Qué estás esperando para regalarte un tiempo solo para ti y sumergirte en estas páginas llenas de sabiduría transformadora?

Gracias, Gema, por confiar en mí para escribir este prólogo. Acepté con ilusión, sin imaginar la responsabilidad de poner en palabras todo lo que representas.

Comprendí que no se trataba solo de una introducción, sino de una oportunidad para mostrar la gran persona que eres y el ejemplo inspirador que representas para mí.

Estoy segura de que descubriréis en cada capítulo su esencia y querréis seguir aprendiendo con ella.

Os deseo disfrutéis de la lectura y os animéis a compartir lo aprendido con los demás.

María del Mar Hidalgo de Cisneros Wilckens
Coach y directora de Adracoach. Impulsa a líderes y equipos a alcanzar sus objetivos desde el poder del potencial humano.

INTRODUCCIÓN

¿Y si la verdadera libertad financiera no se midiera en euros, sino en la paz que sientes por dentro?

¿Te has sentido alguna vez culpable por gastar en algo que te hacía ilusión?

¿Te cuesta hablar de dinero en pareja, con tu familia o amigos?

¿Te gustaría dejar de compararte con los demás y vivir tu economía con más calma y confianza?

¿Te has preguntado alguna vez por qué, incluso cuando todo parece ir bien, sientes que te falta algo?

*Quizá te suene todo esto: trabajas, ahorras, haces cuentas…
y, aun así, a veces el dinero es una fuente de ansiedad,
culpa o discusiones.*

Llevo más de 25 años acompañando a personas en su relación con el dinero: jóvenes que empiezan, familias que luchan por llegar a fin de mes, profesionales de éxito que sienten un vacío, parejas que discuten por temas económicos… y también personas que, a pesar de tenerlo todo, no consiguen disfrutar de su abundancia. He visto, una y otra vez, cómo **nos relacionamos de una manera compleja y a menudo dolorosa con el**

11

dinero: miedo, culpa, autoexigencia…, sensación de que nunca es suficiente.

Por eso he decidido escribir este libro. Porque creo, desde la experiencia y el crecimiento continuo que vivo, que puedo ayudarte con lo que he aprendido a lo largo de mi recorrido y gracias también a todas las personas que se han cruzado en mi camino. **Mi motivación es compartir, acompañar y aportar claridad para que puedas reescribir tu historia financiera** desde el equilibrio y el sentido.

Aquí vas a encontrar **reflexiones, ejemplos reales, preguntas y herramientas prácticas** que te invitan a mirar tu economía desde otra perspectiva: más consciente, más amable y alineada con tus valores.

Este no es un manual de productos financieros ni una guía de inversión. Aquí no encontrarás consejos sobre fondos, hipotecas o estrategias para multiplicar tu dinero rápidamente. Mi propuesta es diferente: te invito a mirar hacia dentro, a comprender cómo tu historia, tus emociones y tus creencias han moldeado tu relación con el dinero. Este es un viaje de autoconocimiento y transformación personal, no una guía técnica de finanzas.

Desde mi experiencia, tanto en la banca como en el acompañamiento y la formación, he visto los dos mundos: el de quienes buscan fórmulas rápidas para invertir o ganar dinero, y el de quienes se atreven a mirar hacia dentro primero.

Respeto profundamente todas las opciones, porque cada persona tiene su propio camino. Sin embargo, estoy convencida de que **cualquier estrategia financiera funciona mucho mejor cuando antes se ha hecho un trabajo personal de autoconocimiento y reconciliación con la propia historia económica y emocional.** Lo he comprobado acompañando a alumnos y clientes durante muchos años: cuando uno se entiende, se cuida y se alinea con sus valores, las decisiones financieras dejan de ser una fuente de ansiedad y se convierten en herramientas de libertad.

Quizá te preguntes quién soy yo para hablarte de esto

Soy una persona curiosa, inquieta y con muchas ganas de aprender de la vida y de los demás. Nací en Segovia en una familia sencilla y trabajadora. Soy la mediana de tres hermanas y desde muy joven sentí la necesidad de comprender el mundo y a las personas.

La vida me llevó a estudiar Económicas y Empresariales y, más adelante, a formarme como coach, buscando siempre herramientas para acompañar mejor a quienes me rodean.

He leído mucho y he aprendido de grandes profesionales del desarrollo personal y las finanzas, integrando todo ese conocimiento en mi propia experiencia vital y profesional.

Trabajé más de dos décadas en banca, donde aprendí mucho sobre números…y muchísimo más sobre emociones, miedos y sueños. Hace unos años, decidí dar un giro a mi vida y emprender mi propio camino, buscando una forma más auténtica y consciente de vivir y de acompañar a otros.

Quizá por todo esto, cuando pensé en **la imagen de portada de este libro, el árbol** fue lo primero que me vino a la mente. Para mí, el árbol simboliza ese viaje interior que todos recorremos: **un crecimiento que empieza siempre en lo invisible, en lo profundo, en las raíces.** Porque, igual que un árbol no puede florecer sin unas raíces sanas y bien cuidadas, nosotros tampoco podemos crecer de verdad si no atendemos a nuestro mundo interior: a nuestras emociones, a nuestra mente y a nuestra historia familiar.

Las pocas monedas en el suelo me recuerdan que el dinero es solo una parte de la vida, y que la verdadera abundancia nace cuando cuidamos lo esencial que hay dentro de nosotros.

Te invito a recorrer este camino conmigo, con curiosidad y apertura. Estoy aquí para acompañarte en cada paso.

¿Empezamos?

CARTA DE SARA, MI MAESTRA
DE MEDITACIÓN

«Si quieres saber cuál es tu estrella polar, es decir, cuáles son tus valores y principios, no mires hacia dónde se dirigen tus acciones, mira mejor hacia atrás, porque la huella que han ido dejando tus acciones dicen todo de ti y de lo que para ti es importante»

El dinero nos permite hacer cosas y con él, no únicamente gracias a él, dejamos nuestra impronta en el mundo. En qué gastamos nuestro dinero dice mucho de nosotros… ¿gastas tu dinero en tu familia? ¿en tus amistades? ¿en adquirir prendas u objetos de marcas para incrementar tu estatus? ¿en viajar? ¿en adquirir conocimiento? ¿en cuidar de tu salud? ¿en donaciones a los más necesitados?

Gema nos hace estas y otras preguntas, para que reflexionemos qué necesidades queremos satisfacer con el dinero que gastamos. Nos interpela también para que pensemos si esas necesidades están alineadas con nuestros valores, porque a veces vamos cumpliendo ciegamente en la vida con mandatos que otros nos han transmitido, en lugar de vivir una vida más alineada con lo que somos.

La neurocientífica y divulgadora Nazareth Castellanos nos cuenta en su libro «Neurociencia del cuerpo» que la ínsula de nuestro cerebro es uno de los mayores centros donde se integra información. Está por tanto implicada en funciones muy dispares, entre ellas: nuestra relación con el dinero y el sentido de uno mismo. Afirma la neuro-científica que la ínsula es la piedra angular de la conciencia.

Así pues, **la ciencia nos dice que nuestra relación con el dinero tiene que ver con quienes creemos ser.** Entonces, si tenemos una relación poco sana con el dinero, probablemente tengamos una mala relación con quienes creemos ser.

¡Este libro va de algo mucho más profundo que las finanzas!

Gema nos regala en este libro lo que ha podido observar, a lo largo de su dilatada carrera en banca, sobre cómo nos relacionamos con el dinero. Su genuino interés por ayudar a las personas le ha llevado a ir más allá de las observaciones y pasar a la práctica, formándose como coach. Este libro nos brinda así también una guía sobre cómo sanar nuestra relación con el dinero, para ganar en libertad y estar en paz con nosotros mismos y con el mundo.

Echando una mirada atrás sobre cómo han sido nuestras finanzas hasta ahora, como Gema nos invita a que hagamos, nos damos cuenta de qué principios han guiado nuestra vida hasta el momento, para poder repensarlos, si así lo deseamos, y alinear nuestra vida con lo que de corazón apreciamos, con lo que realmente somos.

Sara Garcés

ÍNDICE

PARTE I –
TU HISTORIA FINANCIERA: DONDE TODO COMIENZA

CAPÍTULO 1 – El dinero no es solo dinero: es emoción, es historia

«El dinero es mucho más que cifras: es emoción, memoria,
espejo y reflejo de quiénes somos»

Cuando pensamos en dinero, solemos imaginar números, cuentas, ingresos, deudas. Pero si miramos un poco más profundo, el dinero es mucho más que eso. El dinero es una extensión de nuestra historia. Es emoción, es espejo, es una relación.

Desde muy pequeños, sin darnos cuenta, vamos creando un vínculo con el dinero. Lo observamos en casa. Lo escuchamos en frases sueltas, en silencios, en discusiones o en gestos. Aprendemos, sin que nadie nos lo enseñe formalmente, lo que se puede, lo que se debe, lo que es «bueno» o «malo» con respecto al dinero.

Y todo eso… se queda grabado. No en la cabeza, sino mucho más abajo, en el cuerpo, en la emoción, en el inconsciente.

Tu historia también habla de dinero

En mi caso, vengo de una familia tradicional y muy trabajadora. En casa nunca faltó lo esencial, pero tampoco hubo excesos. Aprendí el valor del esfuerzo, del trabajo duro, bien hecho y del ahorro. Mis padres, como tantos otros, crecieron con la idea de que un trabajo estable era lo mejor a lo que se podía aspirar y durante muchos años, yo también lo creí. En mi casa siempre se oía: ¡hija encuentra un trabajo para toda la vida y no tendrás problemas!

Pero también recuerdo lo que no se decía. Estaba esa comparación silenciosa con amigas o con los jefes de mi padre, que parecían tener «más», y la sensación sutil, aunque nunca expresada, de no estar del todo a la altura. Había un cierto miedo a no tener suficiente, a que cualquier imprevisto pudiera desestabilizarlo todo, y también un orgullo profundo de no deberle nada a nadie, de salir adelante por nuestros propios medios. Todo eso fue moldeando mi relación con el dinero, muchas veces más por lo que se callaba que por lo que se hablaba abiertamente.

Recuerdo perfectamente cómo, de pequeña, casi siempre llevaba la ropa heredada de mi hermana mayor. Cuando, de vez en cuando, me compraban algo nuevo, lo sentía como un pequeño tesoro y me costaba compartirlo con mi hermana pequeña. Esos pequeños «lujos» eran muy valorados en casa, y al tener que compartirlos, experimentaba una mezcla de enfado y culpa, porque sabía el esfuerzo que suponía para mis padres.

Empecé a hacer trabajillos desde muy joven, cuidando niños o ayudando en una tienda, para tener algo de dinero propio y poder darme algún capricho, porque en casa los extras eran un gasto que no siempre se podía permitir. Esa experiencia me enseñó el valor del esfuerzo y la satisfacción de conseguir algo por mí misma, aunque también me hizo sentir, a veces, que desear cosas «innecesarias» era motivo de culpa.

En casa, el dinero se gestionaba con mucha prudencia. Recuerdo el teléfono con candado para evitar gastos innecesarios, algo que en su momento me parecía injusto, pero que ahora entiendo como una medida de protección. Las vacaciones familiares eran sencillas, todos juntos en el mismo apartamento en la playa, compartiendo espacio con primos y abuelos. No siempre era fácil, pero esos veranos juntos se convirtieron en uno de los mayores lujos de mi infancia, y aprendí a valorar esos momentos por encima de cualquier cosa material.

Con los años, he comprendido que todas esas vivencias no solo marcaron mi manera de gestionar el dinero, sino también mis emociones y creencias alrededor de él. Hoy sé que mi relación con el dinero es el resultado de esa historia, de lo que vi, sentí y aprendí en mi infancia. Y, sobre todo, he aprendido que puedo mirar esa historia con compasión y elegir cómo quiero relacionarme con el dinero a partir de ahora.

Tal vez tú también reconoces partes de tu historia en esto. Tal vez lo tuyo fue distinto, pero igual de potente: mucho dinero o poco dinero, pero con culpa, carencias materiales que marcaron heridas, abundancia con exigencia, padres ausentes por trabajo, deudas, disputas... Cada persona tiene su propia historia financiera y todas son válidas.

¿Cuál es la tuya?

El dinero como espejo

La forma en la que te relacionas hoy con el dinero no es casualidad. Es el resultado de años de vivencias, creencias, emociones y patrones repetidos y lo más importante: no tiene por qué ser una condena, puede ser el inicio de una transformación.

Porque el dinero, en realidad, es un espejo, ya que:
→ Nos muestra qué valoramos.
→ Nos enfrenta a nuestras sombras y a nuestros miedos.
→ Nos permite observar si actuamos desde el amor o desde el miedo.

El dinero no es bueno ni malo, solo amplifica lo que ya está dentro de ti.

Empieza el viaje hacia dentro

Este libro no es un manual financiero tradicional. En este libro te voy a invitar a algo valiente y con alma: **mirar hacia adentro**. Observar tu relación con el dinero desde tu verdad no para juzgarte, sino para comprenderte. No para corregirte, sino para abrazarte. Tampoco para encajar en un modelo externo, sino para crear tu propio camino.

Este es un viaje de conciencia, de reconexión con tu poder interior. Porque **la verdadera libertad financiera no empieza en la cuenta bancaria, empieza en tu interior.**

HISTORIA INSPIRADORA

Hace un tiempo acompañé a Martín, un chico de 29 años muy responsable, que siempre había sido muy cuidadoso con el dinero. Había crecido en una familia donde compartir era difícil y cualquier gasto extra se miraba con lupa. Creció con mucha rivalidad con sus hermanos. Un día, uno de sus hermanos, Rafa, le pidió ayuda para una reparación urgente del coche. Martín podía permitírselo, pero lo primero que sintió fue una mezcla de incomodidad y miedo a quedarse corto más adelante.

Martín me contó que trató de no precipitarse en la respuesta, y que recordó algunas de las herramientas y reflexiones que habíamos trabajado juntos en las sesiones de mentoría. Se permitió observar su reacción entendiendo que no era egoísmo, sino el recuerdo de antiguas creencias familiares. Al final, decidió prestarle el dinero a su hermano, pero lo mejor es que, por primera vez, hablaron abiertamente sobre cómo se sentían ambos respecto al dinero y la conversación fue «una pasada», según sus propias palabras.

La enseñanza:

A veces, el dinero nos pone delante viejas emociones y patrones. Cuando contamos con acompañamiento y herramientas adecuadas, podemos elegir actuar desde la confianza y la honestidad, y no solo desde el miedo o la costumbre.

Y tú, **¿en qué situaciones notas que tus decisiones con el dinero tienen más que ver con tu historia pasada que con tu presente?**

Ejercicio: Tu línea de vida financiera

Te propongo algo sencillo. Toma una hoja y dibuja una línea del tiempo desde tu infancia hasta hoy. Marca en ella:
- Momentos clave con el dinero, buenos o no tan buenos.
- Lo que aprendiste, viste y oíste en casa.
- Tus primeras experiencias ganando o perdiendo dinero.
- Situaciones que te impactaron como crisis, regalos, deudas, discusiones…

Y luego responde:

¿Qué historia se repite? ¿Qué patrón se refleja? ¿Qué emoción te acompaña?

Míralo todo con ojos compasivos, como quien observa su propia evolución, no para juzgar, sino para comprender.

Este es el primer paso de un viaje que no solo tiene que ver con el dinero, sino contigo, con tu historia y con tu manera de vivir.

Te invito a recorrerlo conmigo.

Créeme, ningún número en la cuenta bancaria puede darte la tranquilidad que experimentas cuando te reconcilias con tu propia historia.

CAPÍTULO 2 – Tu infancia financiera: lo que viste, sentiste y aprendiste

«No solo heredamos el ADN de nuestra familia. También cargamos con creencias, y formas de mirar el mundo…incluso el dinero»

Nadie llega a la vida sabiendo cómo manejar el dinero. Nuestra primera escuela financiera fue nuestra casa, ese escenario donde aprendimos sin darnos cuenta, muchas veces más por lo que se callaba que por lo que se decía. Las emociones, los gestos, las miradas y los silencios alrededor del dinero dejan una huella profunda, a veces invisible, pero siempre presente.

Quizá, como yo, creciste en una familia donde el dinero era un tema delicado. En mi caso, mi padre siempre repetía que había que obedecer, que a los jefes era mejor no rechistarles y que conseguir un trabajo para toda la vida era como sacarse la lotería. Él fue un gran trabajador, hacía horas extras, no se quejaba y era muy ahorrador. Él creía que el esfuerzo y la prudencia eran casi la única forma de estar bien y no tener problemas.

Mi madre, como tantas mujeres de su generación, era ama de casa de las de antes: no trabajaba fuera, aprovechaba toda la comida, cosa que sigue haciendo y nunca tuvimos ayuda externa. Nuestra casa era pequeña y sencilla, y mi madre se entregaba a la limpieza con una dedicación que, de niña, no me gustaba, incluso rechazaba. Ahora, siendo madre yo también, valoro profundamente ese esfuerzo invisible, esa entrega sin queja que sostenía todo.

En casa, el dinero no era un tema del que se hablara abiertamente. No porque fuera algo prohibido, sino porque, como en muchas familias, existía esa costumbre de llevarlo con discreción y cierta reserva. Recuerdo que, cuando empecé a trabajar, a mi padre le interesaba saber cuánto ganaba, pero esas conversaciones siempre estaban envueltas en una mezcla de orgullo y timidez, casi como si el dinero fuera algo que se cuidaba en silencio, con respeto y un poco de misterio.

Ahora, con el tiempo, entiendo que esa forma de tratar el dinero venía de un deseo de protegernos, de enseñarnos a valorar lo que teníamos sin hacer alarde, y de mantener la humildad y la prudencia. Agradezco esa herencia, porque me ha ayudado a comprender que el dinero es importante, sí, pero que lo verdaderamente valioso son los valores y el amor con el que crecemos.

Lo que sentiste también cuenta

No solo importa lo que te dijeron. Importa, y mucho, cómo te sentiste tú respecto al dinero:
- ¿Sentiste escasez, vergüenza, culpa o miedo?
- ¿Te sentiste en deuda con tus padres?
- ¿Te pareció que el dinero separaba a las personas?
- ¿Creíste que solo valías si podías «producir» o «ganar»?

En mi caso, recuerdo la mezcla de emociones cuando recibí mi primer sueldo. Por un lado, sentí una libertad inmensa: por fin podía decidir en qué gastarlo, darme algún capricho o ahorrar para algo que realmente me hacía ilusión. Por otro, sentía la responsabilidad de no «malgastar» y de demostrar, a mis padres, que era capaz de administrarme bien. Esa dualidad, la alegría de la independencia y el peso de la responsabilidad, me acompañó durante mucho tiempo.

Solo había una excepción: cuando mi novio viajaba a otros países por trabajo y yo quería ir a verle, las ganas de estar con él eclipsaban cualquier otra preocupación. En esos momentos, no pensaba en el dinero con culpa ni me pesaba gastarlo. Lo importante era el encuentro, la experiencia, el amor. Eso, sin darme cuenta, me enseñó que el dinero también puede ser un medio para vivir lo que de verdad importa.

Quizá tú también te reconozcas en alguna de estas escenas. Tal vez en tu casa se hablaba mucho de dinero, o tal vez era un tema tabú. Puede que vieras a tus padres discutir por facturas, o que aprendieras a estirar cada peseta con ingenio y creatividad. Todas esas vivencias, aunque parezcan pequeñas, van formando nuestra manera de mirar el dinero y, sobre todo, la manera en la que nos miramos a nosotros mismos a través de él.

Los patrones familiares y lo que repetimos o rechazamos

Los comportamientos y creencias sobre el dinero se transmiten de generación en generación, muchas veces sin que nadie los nombre. Son patrones familiares: maneras de ahorrar, gastar, temer o desear que se repiten, a veces como un eco, otras como una reacción contraria.

Puede que hoy te sorprendas diciendo:
→ «No quiero trabajar tan duro como mi padre»
→ «Nunca permitiré que me falte como a mi madre»
→ «Jamás dependeré de nadie»

Y sin darte cuenta, actúas en reacción, no en libertad. A veces no repetimos lo vivido... pero nos vamos al otro extremo. Por eso, mirar tu infancia financiera no es para culpar a nadie, menos a tus padres, sino para liberarte. Es darte cuenta de que muchas de tus decisiones de hoy no vienen del presente, sino de una lealtad inconsciente al pasado.

Tu niño interior también necesita seguridad

Si alguna parte de ti se angustia con el dinero, no te juzgues, ni te hables mal, solo escúchate. Es posible que sea tu «niño interior» el que necesita saber que hoy ya no estás en peligro, que ahora tienes herramientas, recursos y conciencia. A mí, mi profesora de meditación, mi maestra Sara, me ha enseñado mucho sobre esto: sobre cómo escuchar a esa parte más vulnerable, abrazarla y recordarle que la adulta que soy hoy puede cuidar de ella.

A veces, siento que me pongo mi «traje vestido», ese que llevo para gestionar mi negocio, tomar decisiones o enfrentarme al mundo, pero no por eso dejo de llevar dentro a esa niña que un día tuvo miedo o sintió carencias. Poco a poco he aprendido que no se trata de ignorar a esa niña, sino de acompañarla, de darle voz y de asegurarle que ahora, con mi traje de adulta y mi conciencia presente, puedo protegerla y darle lo que necesita.

En esa reconciliación interna, empieza tu libertad.

EJEMPLO INSPIRADOR

Pedro, un cliente que tuve, un hombre de 51 años trabajador y buena gente, se dio cuenta de que había caído varias veces en estafas que prometían dinero fácil. Al principio, pensaba que solo había tenido mala suerte, pero después de la última vez, decidió pararse a pensar.

Recordó que, de pequeño, en su casa siempre había esperanza de que algún día llegara «la gran oportunidad»: su padre jugaba a la lotería y se ilusionaba con negocios rápidos. Sin darse cuenta, Pedro había heredado esa misma ilusión y buscaba fuera una solución milagrosa.

Al reconocer este patrón, Pedro empezó a entender que no era cuestión de suerte ni de inteligencia, sino de repetir una historia aprendida. Solo entonces pudo empezar a tomar decisiones más tranquilas y realistas.

Pregunta para ti:

¿Te has visto alguna vez repitiendo algo que aprendiste en casa, aunque sabes que no te ayuda? ¿Qué crees que buscas realmente cuando tomas esas decisiones?

Ejercicio: Carta a tu yo financiero infantil

Tómate unos minutos para escribir una carta a tu «yo niño» o «yo adolescente», hablándole de lo que viviste en casa con respecto al dinero. Cuéntale:
- Lo que viste y sentiste.
- Cómo eso te afectó.
- Qué has aprendido desde entonces.
- Qué le prometes hoy, como adulto consciente.

Escribirlo te permitirá sanar, soltar y reconectar con tu poder interior y, sobre todo, te recordará que ya no estás en ese mismo lugar.

Recuerda:

Los patrones familiares no están escritos a fuego. Reconocerlos es el primer paso para romper ciclos y crear una relación más sana y libre con el dinero. El camino hacia tu bienestar financiero empieza cuando te das permiso para mirar atrás con compasión y avanzar con conciencia.

CAPÍTULO 3 – Las voces internas del dinero: lo que escondes, lo que temes y lo que realmente deseas

«No solo tienes una historia con el dinero…
también tienes diferentes voces dentro de ti: unas que te protegen,
otras que te frenan y otras que te recuerdan tu verdad»

A veces sentimos que estamos haciendo «todo bien» con el dinero: planificamos, ahorramos, nos formamos, trabajamos… y, sin embargo, algo no termina de fluir. Nos sentimos estancados, culpables, desconectados o atrapados en patrones que no entendemos. ¿Por qué ocurre esto?

Porque dentro de cada uno de nosotros conviven diferentes partes, cada una con su propia voz, su historia y su función. Algunas aprendieron a protegernos, otras a defendernos o a sobrevivir… y a veces, incluso, a sabotearnos sin querer. Nuestra relación con el dinero está profundamente tintada de emociones, creencias y mecanismos de defensa que arrastramos desde hace años.

En este capítulo quiero hablarte de esas voces internas que influyen en tu relación con el dinero. No se trata de dividirnos en «buenos» y «malos», sino de reconocer que somos un mundo de emociones, pensamientos y deseos.

La parte que protege

Esta es la **voz que aprendió a cuidar de ti**, a veces aparentando más seguridad o generosidad de la que realmente sientes. Puede ser la que:

- Se muestra siempre fuerte y controlada, aunque por dentro haya dudas.
- Prefiere no hablar de dinero para evitar conflictos o juicios.
- Da más de lo que puede, solo para sentirse aceptada.

En mi caso, recuerdo que cuando empecé a trabajar me gustaba llevar ropa de marca, o al menos vistosa y buena. No era solo por la prenda en sí, sino por sentirme a la altura de otras personas de mi entorno, por encajar más en el banco y no sentirme menos. Era mi manera de protegerme de la comparación, de la sensación de no pertenecer. Reconozco que nunca ocurrió algo significativo para pensar que me juzgaban, eso solo estaba en mi cabeza.

Esta parte no es mala, simplemente aprendió a protegerte del rechazo o la incomodidad. Pero si solo escuchamos esta voz, corremos el riesgo de vivir para los demás y no para nosotros mismos.

La parte que teme

Otra voz interna es **la que guarda los miedos y las heridas**. Es la que aparece cuando sientes inseguridad, envidia, culpa o miedo a no ser suficiente. Puede ser la que:

- Gasta de más para calmar una emoción.
- Se prohíbe disfrutar porque siente que no lo merece.
- Se compara y se siente menos que los demás.
- Vive en modo «alerta», siempre esperando que falte algo.

Siempre me ha costado mucho pedir que me subieran el sueldo o que me pagaran más por un trabajo. Incluso cuando me hice autónoma, me costaba poner un precio justo a mi trabajo. Sentía que pedir más no era adecuado, que quizá no lo merecía o que sería rechazada. El miedo a pedir estaba muy presente en mí. Esa voz interna me frenaba y me hacía dudar de mi propio valor.

Estas emociones no te definen, pero sí pueden influir mucho si no las reconoces y escuchas con compasión.

Cuando el subconsciente debe elegir entre emociones profundamente arraigadas y la lógica, casi siempre ganan las primeras.

La parte sabia

Por suerte, también está esa **voz interna que sabe lo que de verdad necesitas**. Es la parte que conecta con tu calma, tu intuición y tu deseo de vivir en paz con el dinero. Es la que:

→ Elige con conciencia y se permite disfrutar.

→ Sabe poner límites y pedir lo que merece.

→ Confía en que puede aprender y mejorar, sin exigirse perfección.

→ Se siente en paz, incluso cuando no todo está resuelto.

Con el tiempo, y mucho trabajo personal, he ido aprendiendo a escuchar esta otra voz: la que sabe que merezco un trato justo, que mi trabajo y mi tiempo tienen valor. Me siento orgullosa de haberme atrevido a dejar colaboraciones o trabajos mal pagados, de haber dicho «no» cuando algo no me compensaba, y de haber pedido lo que realmente merecía. Cuando por fin lo hice, sentí una satisfacción y una libertad interior que no tienen precio. Esa satisfacción es el mejor indicador de que estoy en el camino de ir alineada conmigo misma.

La sombra: lo que no quieres mirar

Todos tenemos aspectos que preferimos esconder o negar: miedos, inseguridades, deseos que nos incomodan o comportamientos que no entendemos. La psicología llama a esto «la sombra». No es algo malo, es simplemente la parte de ti que aún no ha sido vista con amor y por eso la escondes.

Cuando ignoramos nuestra sombra, a veces actuamos en piloto automático: gastamos sin pensar, nos saboteamos, criticamos a otros o nos exigimos demasiado. Pero si te atreves a mirar esas partes, esa sombra, con compasión, empiezas a recuperar tu poder y tu libertad.

EJEMPLO INSPIRADOR

A lo largo de los años he conocido a muchas personas que, como yo, han sentido ese lío de voces internas con el dinero. Recuerdo especialmente a Estela, una mujer de cuarenta y pocos, divorciada, madre de dos hijos, que siempre llegaba justa a fin de mes, aunque trabajaba muchísimo. Ella me contaba que, cada vez que le pagaban, sentía una mezcla de alivio y miedo: por un lado, la tranquilidad de poder cubrir los gastos; por otro, el temor de que algo imprevisto lo echara todo a perder.

Estela tenía una voz interna muy fuerte que le decía: «No gastes en ti, primero los niños, la casa, la comida... tú la última». Pero también otra voz, más cansada, que a veces le decía: «¡Ya está bien, date un respiro, cómprate algo bonito, aunque sea una vez!». El resultado era que, cuando por fin se animaba a comprarse algo para ella, lo hacía deprisa y con culpa, y luego se sentía mal todo el día.

Un día, Estela se dio cuenta de que esa culpa no era realmente suya, sino un recuerdo de lo que había visto en casa: su madre siempre sacrificándose, nunca permitiéndose un capricho. Empezó a probar pequeñas cosas: comprarse un libro, tomarse un café sola, sin esconderlo ni justificarse. No era fácil, pero poco a poco fue notando que podía cuidar de los suyos y también de sí misma, sin sentirse egoísta.

Pregunta para ti:

¿Te pasa a veces que una parte de ti quiere disfrutar y otra te lo impide? ¿De dónde crees que viene esa voz que te limita?

Ejercicio: Escucha tus voces internas

Te propongo que escribas desde tres perspectivas:

- **La voz que te protege:**
  ¿Qué te dice cuando piensas en dinero? ¿Qué busca evitar o cuidar?
- **La voz que teme:**
  ¿Qué emociones o pensamientos te cuesta aceptar en ti? ¿Dónde te pones trabas?
- **La voz sabia:**
  ¿Qué te diría esa parte tuya que confía, que sabe lo que necesitas de verdad?

No se trata de buscar perfección, sino de darte cuenta de que todas estas voces forman parte de ti. Escucharlas, sin juzgarlas, es el primer paso para sentirte más libre y en paz con el dinero.

Recuerda:

La verdadera paz con el dinero no llega cuando todo está «bien» fuera, sino cuando te atreves a mirar dentro y abrazar todas tus partes, incluso las que menos te gustan. Porque ahí, en esa honestidad, empieza tu libertad financiera y emocional.

CAPÍTULO 4 – Heridas emocionales y sus reflejos financieros

«Tus decisiones con el dinero no siempre vienen del presente… muchas veces vienen de una herida que aún no ha sido vista con amor»

Cada uno de nosotros carga con una historia y dentro de esa historia hay momentos que nos marcaron, incluso si no los recordamos del todo. Situaciones que dejaron una herida abierta, una creencia inconsciente, una sensación persistente y a veces incómoda.

Esas heridas, cuando no las sanamos, se convierten en patrones, y esos patrones… se reflejan con fuerza en nuestra relación con el dinero.

¿Por qué me cuesta tanto ahorrar? ¿Por qué no cobro lo que valgo? ¿Por qué me da vergüenza pedir o invertir en mí? ¿Por qué por más que lo intento no consigo ahorrar?

Estas preguntas no siempre se responden con lógica. Casi siempre, **la raíz es emocional.**

Las cinco heridas del alma según Lise Bourbeau

Quiero compartir aquí un libro que me marcó muy profundo y que me ayudó a entenderme mejor: el libro de Lise Bourbeau «Las cinco heridas que impiden ser uno mismo». Ese libro llegó a mí gracias a Dani, un gran amigo, con el que empecé a formarme sobre las heridas del alma.

Lise Bourbeau explica que todos, en mayor o menor medida, llevamos dentro cinco heridas emocionales que se originan en la infancia y que, si no las reconocemos y sanamos, condicionan nuestra vida adulta y nuestra relación con el dinero, el éxito, el merecimiento y la abundancia.

No te hablo de etiquetas, sino de pistas para comprenderte y liberarte. Yo misma he reconocido varias de estas heridas en mi historia personal y en mi forma de relacionarme con el dinero.

1. Rechazo – «No soy válido»

Cuando te sentiste no deseado, ignorado o poco visto en tu infancia, puedes haber creado una creencia profunda de que «no eres suficiente».

En lo financiero, esto se traduce en:
- Te cuesta recibir dinero, ayuda, oportunidades...
- Tienes miedo a destacar por temor a ser rechazado.
- Te autoexiges mucho para sentir que «mereces».

En mi caso, siempre me ha costado pedir, y también me cuesta recibir. Me doy cuenta de que, aunque me esfuerzo y a veces doy mucho, cuando llega el momento de aceptar ayuda o reconocimiento, algo dentro de mí se resiste. Me autoexijo para convencerme de que merezco lo que recibo, como si tuviera que ganarme el derecho a cada cosa buena que llega y muchas veces, he sentido que tenía que demostrar mi valía trabajando mucho y pidiendo poco, buscando que mis padres, sobre todo mi padre, estuviera orgulloso de mí. Mi madre no ponía tanta atención a mis logros, aunque obviamente no era intencionado.

Ahora entiendo muchas más cosas que antes y también mis ojos son más compasivos. Ahora no me importa eso porque sé que el dolor estaba en mí y no en ellos. A ellos siempre les estaré agradecida por todo.

2. Abandono – «Estoy solo y no puedo sostenerme»

Si viviste ausencia emocional o física, es posible que tengas un profundo miedo a quedarte sin recursos o sin apoyo.
En el dinero puede reflejarse así:
- Gastas para sentir compañía o cariño.
- Te cuesta confiar en que la vida te sostiene.
- Te aferras a trabajos o personas que no te nutren, por miedo a estar solo.

3. Humillación – «Disfrutar es egoísta»

Si de niño sentiste que eras una carga, que tus necesidades molestaban, o que no eras digno, puedes haber desarrollado una relación de culpa con el placer y la abundancia.

Entonces:
- Te cuesta permitirte lujos o disfrute sin sentir vergüenza.
- Sientes que «no te lo mereces».
- Te boicoteas justo cuando las cosas empiezan a ir bien.

4. Traición – «No puedo confiar en nadie con el dinero»

Si experimentaste promesas rotas, engaños o decepciones, puedes haber desarrollado una necesidad de control excesivo. En lo financiero:
- No delegas nada. Te cuesta confiar incluso en profesionales.

- Te vuelves rígido o desconfiado con el dinero.
- Cargas solo con todo, aunque estés agotado.

5. Injusticia – «Tengo que demostrar lo que valgo»

Si creciste en un entorno muy exigente o perfeccionista, puedes haber interiorizado la idea de que nada es suficiente. Esto genera:
- Autoexigencia brutal con tus logros.
- Culpa por descansar, gastar o disfrutar.
- Sentimiento constante de «no he hecho lo suficiente».

Personalmente, siempre he sentido la necesidad de demostrar mi valía, de que la gente viera cuánto me esfuerzo y lo mucho que trabajo. Me ha dolido incluso, percibir que personas a mi alrededor pensaban que todo en mi vida había sido fácil, cuando en realidad detrás de cada logro había mucho sacrificio y dedicación. En ocasiones he sentido rabia cuando notaba envidia de otros hacia mí o tristeza cuando otros recibían cosas con facilidad y a mí me costaba tanto conseguirlas. Todo esto me llevaba a exigirme todavía más, como si tuviera que justificar cada paso que daba.

Lo que sientes no es debilidad. Es una pista

Tu ansiedad al gastar, tu miedo a no tener, tu necesidad de control o tu rechazo a hablar de dinero… no son errores. Son puertas, señales de que hay algo dentro de ti que pide atención, comprensión y amor.

La buena noticia es que puedes mirarlo todo con ojos nuevos, sin culpa. Con honestidad, sin dramatismo, con amor y sin exigencias.

EJEMPLO INSPIRADOR

Hace un tiempo, en una de mis sesiones, conocí a Lourdes. Ella decía que el dinero «se le iba de las manos». Cada vez que cobraba, lo primero que hacía era invitar a sus amigas, comprar regalos o gastarlo en cosas para otros. Cuando llegaba a final de mes, se agobiaba porque no le quedaba casi nada para ella.

Un día, Lourdes se dio cuenta de que, de pequeña, su madre solía marcharse a trabajar y ella se quedaba muchas horas sola. Me contaba que, cuando su madre volvía, le traía algún detalle y eso la hacía sentir querida. Sin darse cuenta, había aprendido a asociar el dar y el gastar con recibir cariño y compañía.

Cuando tomó conciencia de esto, empezó a preguntarse si realmente necesitaba gastar tanto para sentirse acompañada, o si podía buscar otras formas de cuidarse y sentirse querida. Poco a poco, fue aprendiendo a poner límites y a reservar algo de dinero para sí misma, sin sentirse culpable.

Pregunta para ti:

¿Te pasa que a veces gastas más en otros que en ti? ¿Qué crees que buscas realmente cuando lo haces?

Ejercicio: Tu herida, tu historia

→ Elige una de las cinco heridas con la que más te identificas hoy.
→ Escribe una situación reciente en la que sentiste que actuaste desde esa herida.
→ Pregúntate: ¿Qué necesitaba esa parte de mí en ese momento?

→ Escríbele una carta a esa parte tuya. Dile lo que hoy, como adulto consciente, puedes ofrecerle.

Este ejercicio no busca cambiarte, sino devolverte a ti, a tu verdad más profunda, a tu poder de elegir con conciencia.

Recuerda:

Sanar tus heridas emocionales no es un proceso rápido ni fácil, pero es el camino más profundo y liberador hacia una relación sana con el dinero y contigo mismo.

No eres tus heridas, pero sí puedes elegir cómo cuidarlas hoy.

CAPÍTULO 5 – El personaje que construiste para sobrevivir

«No eres tu personaje financiero. Eres mucho más
que esa versión que aprendió a protegerse»

Después de todo lo vivido, de las creencias que absorbiste, de las heridas que te marcaron... creaste una identidad. Una forma de estar en el mundo, una estrategia para sentirte a salvo.

En lo emocional, a esto lo llamo «personaje» y en lo financiero, podríamos decir que es tu «yo económico condicionado»: esa parte de ti que toma las decisiones con el dinero desde el miedo, la costumbre o la necesidad de protegerte.

Y aunque este personaje te sirvió en su momento, puede que hoy... ya no te ayude a vivir como realmente deseas.

¿Qué personaje financiero interpretas tú?

Quizá te reconozcas en uno... o en varios. Aquí te comparto algunos ejemplos habituales:

- **El controlador:** Necesita tener todo bajo control, anota cada gasto, no delega nada. Detrás suele haber miedo al caos o a repetir errores familiares.

- **El despreocupado:** Evita mirar números, no hace presupuestos, vive al día. Muchas veces hay ansiedad, miedo al conflicto o una herida de rechazo.
- **El salvador:** Siempre ayuda a los demás, aunque eso le deje vacío. Regala, presta, sostiene. Suele haber una necesidad de ser querido o sentir valor.
- **El esforzado:** Cree que hay que ganarse todo con sacrificio. No acepta atajos, ni ayuda. Suele haber creencias de merecimiento y valor personal.
- **El invisible:** Se conforma con poco, no se permite soñar en grande. Muchas veces hay una lealtad a su historia familiar o una herida de no sentirse capaz.

Estos personajes no son «malos», son parte de ti. Aparecieron para ayudarte a sobrevivir y te protegieron. Pero si los dejas dirigirte… te limitan. Y lo más importante: puedes tener rasgos de varios, y eso también es normal.

Mi propio personaje financiero

Si soy honesta, durante mucho tiempo mi personaje dominante ha sido la despreocupada. Nunca he hecho un presupuesto ni he sido de mirar mis cuentas con detalle. De hecho, hasta hace poco, apenas revisaba mis movimientos bancarios. Ahora lo miro más, pero reconozco que no me gusta estar pendiente de los números.

También me doy cuenta de que, con mi familia, padres y hermanas, nunca he hablado abiertamente de dinero. Creo, además, que siempre he buscado el merecimiento y el ser querida, y me cuesta poner límites o reclamar lo que considero justo.

Sin embargo, hay algo en mí que nunca ha dejado de soñar en grande. Sueño con que este libro llegue lejos, y sé que lo conseguiré porque puede ayudar a mucha gente. Muchos me han enseñado a lo largo de mi vida, y ahora, con todas esas enseñanzas, siento que mi misión es unir el mundo financiero y el emocional. De ahí el título de este libro, y de ahí mi propósito más profundo.

El verdadero tú está detrás del personaje:

→ Tú no eres el que se sabotea.
→ Tú no eres el que teme.
→ Tú no eres solo el que sobrevive.

Tú eres el que observa, el que empieza a despertar, el que se atreve a mirar con amor lo que antes evitaba. El que siente que hay una forma más libre, más sana, más auténtica de relacionarse con el dinero… y con la vida.

El verdadero tú no necesita controlar todo,
ni demostrar, ni complacer, ni desaparecer.
El verdadero tú elige desde el alma, no desde el miedo.

No tienes que luchar contra tu personaje, ni eliminar partes de ti. Solo dejar de obedecerlo ciegamente. Este no es un camino de lucha interna, sino de dar un lugar diferente a esas partes que te protegieron. El personaje puede seguir ahí, pero ahora tú decides desde tu parte más consciente y adulta.

Hoy en día, sigo aprendiendo...

Quiero ser completamente sincera: a pesar de mi experiencia, hoy en día sigo aprendiendo. Me sigue costando poner precio a mi trabajo, y a veces me preocupa no tener suficiente dinero en el futuro. Tengo inversiones y, cuando bajan, me asusto. No soy de hierro, pero lo que he aprendido es a no tomar decisiones precipitadas y a confiar en profesionales que me acompañan, porque yo no lo sé todo.

Haberme dedicado toda la vida a las finanzas no me hace poderosa ni inmune al miedo. También tengo dudas, también me cuesta soltar el control. De hecho, no me gusta decirle a nadie qué tiene que hacer con su dinero. Prefiero ayudar de esta forma, con este libro, compartiendo mi historia y acompañando desde la empatía y la escucha.

Tampoco fue fácil dejar el banco donde trabajé tantos años. Me preocupaba no tener un sueldo fijo, no quería depender económicamente de mi marido. Pero también sabía que quedarme en un lugar donde ya no sentía que era mi sitio era traicionarme a mí misma. Dar ese salto fue un acto de amor propio, y aunque el miedo sigue estando ahí, hoy sé que puedo sostenerlo y seguir adelante.

HISTORIA INSPIRADORA

Recuerdo a Manuel, un cliente con el que trabajé hace un tiempo. Siempre decía que «no necesitaba mucho para vivir» y que con lo justo le bastaba. Nunca se permitía un capricho, ni siquiera algo pequeño. Cuando hablábamos de dinero, enseguida salía su frase: «Con lo justo me vale, no quiero problemas». Pero, a medida que íbamos conversando, se notaba que detrás de esa actitud despreocupada había una preocupación constante por no llegar a fin de mes y mucho miedo a equivocarse.

Poco a poco, fui viendo que Manuel había construido ese personaje de «invisible» para no llamar la atención y evitar conflictos en su familia desde pequeño. Ahora, de adulto, ese mismo personaje le costaba pedir un aumento, reclamar una deuda o simplemente soñar con algo más grande para sí mismo.

Pregunta para ti:

¿Te reconoces en alguno de estos personajes? ¿Qué crees que intenta proteger esa parte de ti?

Ejercicio: Reconociendo a tu personaje financiero

→ **Escribe:** ¿Cuál es tu personaje financiero dominante? ¿Qué frases dice? ¿Cómo actúa en situaciones clave?
→ **Pregúntale:** ¿Qué intenta proteger? ¿De dónde viene? ¿Qué necesidad oculta hay detrás de su forma de actuar?
→ **Respóndele desde tu adulto consciente:** ¿Qué podrías decirle hoy para que se relaje y confíe en ti?

Este ejercicio es un acto de compasión. No se trata de cambiar de golpe, sino de empezar a tomar decisiones más alineadas con tu verdad, no con tu personaje.

Antes de continuar, quiero invitarte a hacer otra pequeña parada

Ahora que has reconocido tu personaje financiero, te propongo un ejercicio para profundizar y empezar a transformar tu relación con él. Hazlo con calma, cariño y sin juicio. Recuerda: no se trata de eliminar ninguna parte de ti, sino de comprenderla y darle un nuevo lugar en tu vida.

Ejercicio: Conociendo a tu personaje interno

1. **Ponle nombre:**

   ¿Cómo llamarías a ese personaje que más aparece en tu vida financiera?

2. **Descríbelo:**

   ¿Cuándo aparece?

   ¿Qué frases suele decirte?

   ¿Qué emociones notas en tu cuerpo cuando está al mando?

   ¿Qué hábitos o decisiones repites cuando actúa?

3. **Busca el origen:**

   ¿Recuerdas cuándo empezó a aparecer?

   ¿Qué situación de tu infancia, adolescencia o vida adulta pudo darle fuerza?

   ¿Qué intenta proteger?

   ¿De qué te cuida ese personaje?

   ¿Qué necesidad profunda hay detrás: amor, seguridad, reconocimiento, pertenencia...?

4. **Imagínalo relajado:**

   ¿Qué necesitaría para sentirse seguro y dejar de controlar?

   ¿Cómo sería tu vida financiera si ese personaje se relajara y dejara espacio a tu parte más auténtica?

5. **Escríbele una carta:**

   Agradécele su función, explícale que ahora puedes cuidarte de otra manera y dile cómo te gustaría que te acompañara a partir de ahora.

Recuerda:

No eres tu personaje financiero. Eres mucho más. Eres la suma de todo lo aprendido, lo sentido y lo soñado... y tienes el poder de elegir, cada día, desde un lugar más auténtico y libre.

PARTE II – CONCIENCIA Y DESPERTAR: MIRAR DENTRO

CAPÍTULO 6 – Las creencias que gobiernan tus decisiones

«Tus creencias son como gafas: distorsionan o iluminan la realidad, y ni siquiera te das cuenta de que las llevas puestas»

Durante muchos años, viví convencida de que, con el dinero, como en casi todo, era mejor no quejarse, no discutir, no hacer ruido. Había aprendido que era de buena educación no hablar de dinero, no pedir demasiado, no molestar. También pensaba que ser rico era algo reservado para unos pocos, que debía ser dificilísimo conseguirlo, casi como si fuera una lotería que solo tocaba a algunos afortunados.

No eran ideas racionales, eran creencias profundas. Programaciones invisibles que condicionaban todas mis decisiones, aunque yo ni siquiera me daba cuenta.

¿Qué es una creencia financiera?

Una creencia es una idea que has repetido tanto o has escuchado tantas veces, que se volvió tu verdad.

Las creencias no se cuestionan, simplemente se viven como si fueran reales y si no las observas, gobiernan tu vida.

Con el dinero, las creencias operan en piloto automático y deciden por ti sin consultarte:

→ ¿Ahorras o gastas?

→ ¿Pides ayuda o no?

→ ¿Te atreves a invertir?

→ ¿Crees que mereces más?

→ ¿Culpas al sistema, a tus padres, a ti?

Todo eso viene de lo que crees, no de lo que sabes… sino de lo que das por hecho.

Ejemplos de creencias reales y cotidianas que me he encontrado:

«El dinero solo llega a los que ya tienen» Recuerdo a María, una clienta que siempre decía que por mucho que se esforzara, el dinero nunca le duraba. Tenía la sensación de que la abundancia era algo reservado para otros, como si hubiera nacido ya con el «no» puesto.

«Si cobro lo que vale mi trabajo, nadie me va a contratar» Conocí a dos hermanos, Raúl, fisioterapeuta autónomo, y a Pedro, profesor particular de lengua, que cada vez que tenían que poner precio a sus servicios, bajaban las tarifas antes de que los clientes dijeran nada. Tenían miedo de que los vieran como «caros» o «aprovechados».

«Mejor pobre pero honrada» Carmen, una mujer muy trabajadora, peluquera, sentía culpa cada vez que le iba bien económicamente. Le costaba disfrutar de sus logros porque sentía que, si le iba demasiado bien, los demás pensarían mal de ella.

«El dinero es complicado, prefiero no pensar en eso» He visto a muchas personas, como Juan, que evitan mirar sus cuentas o hacer presupuestos porque sienten que no lo van a entender. Prefieren no enfrentarse a los números y así no sentirse «tontos».

«**No soy buena con los números**» Ana, profesora, siempre decía que las matemáticas no eran lo suyo y que por eso nunca podría invertir o gestionar bien su dinero. Esa creencia la frenaba incluso antes de intentarlo.

«**Si tengo mucho, alguien tendrá menos**» A veces escucho esta idea en personas muy generosas, que sienten que, si les va bien a ellas, le están quitando algo a otros. Eso los lleva a rechazar oportunidades o a no permitirse crecer.

«**No es moral querer dinero**» A lo largo de los años, he acompañado a personas que sienten que desear una vida más cómoda es egoísta o poco espiritual. Como si pedir más fuera algo de lo que avergonzarse.

¿Te suena alguna?

No son verdades universales. Son ideas que heredamos, absorbimos o construimos… y que nos han limitado durante años.

Tus decisiones no son tontas, son coherentes con tus creencias.

Si no ahorras, si te saboteas cuando estás a punto de crecer, si siempre terminas en cero… no es porque seas irresponsable. Es porque, en el fondo, hay una creencia que está en conflicto con lo que dices que deseas.

Hasta que esa creencia no se observe y se transforme, todo intento de «mejorar tus finanzas» se sentirá como remar contra la corriente.

Yo, por ejemplo, durante mucho tiempo no me permitía pedir más, ni expresar que algo no me parecía justo, porque sentía que no debía quejarme y también me costaba soñar en grande, porque tenía esa idea de que hacerse rico era casi imposible para alguien como yo. Esas creencias me hacían pequeña, me frenaban, y ni siquiera era consciente de ello.

Tú puedes cambiar tus creencias

Esto no es magia, pero sí es poderoso.
Cambiar tus creencias es posible, pero requiere:
- Observarlas sin juicio.
- Identificar de dónde vienen.
- Elegir una nueva mirada.
- Repetirla con coherencia y emoción.

No basta con decir «quiero abundancia». Tienes que sentir que mereces recibir, que es seguro tener, que puedes confiar en ti para manejar más, y eso… se entrena.

Ejercicio: Tu inventario de creencias

o Escribe en una hoja la palabra DINERO en grande en el centro.
o Haz una lluvia de ideas con todo lo que te venga a la mente, sin filtro: lo que piensas del dinero, de los ricos, de ti mismo, de tu capacidad, etc.
o Luego marca con un símbolo:
- **L** para creencias limitantes
- **I** para creencias inspiradoras
o Elige dos creencias limitantes que más te condicionen.
o Pregúntate:
¿De dónde viene esta idea?
¿Sigue teniendo sentido hoy?
¿Qué nueva creencia me gustaría sembrar?
o Repite esa nueva creencia como un mantra durante al menos 21 días. Escríbela, siéntela, intégrala en tu vida.

Este es el inicio de tu reprogramación interna. Una semilla nueva que empieza a abrir espacio en tu mente... para crear una nueva relación con el dinero desde tu verdad, no desde tu pasado.

CAPÍTULO 7 – Tu patrón financiero oculto

«El patrón no está fuera. El patrón eres tú…
hasta que decides verlo y elegir diferente»

¿Te ha pasado alguna vez esto?
- Ganas dinero, pero siempre terminas en cero.
- Haces un plan para ahorrar, y lo rompes antes de una semana.
- Cobras, y justo aparece un gasto inesperado.
- Te va bien, y de pronto «algo» te detiene.

Y entonces te preguntas:

¿Por qué me pasa esto una y otra vez? ¿Qué hago mal? ¿Qué me sabotea?

La respuesta no está en tu falta de voluntad ni en tu capacidad. Está en tu patrón financiero inconsciente.

¿Qué es un patrón financiero?

Un patrón financiero es una combinación de creencias, emociones y comportamientos repetidos que actúan como un circuito cerrado. Es como si tu sistema interno tuviera una programación que te lleva siempre al mismo lugar, aunque conscientemente

quieras otra cosa y lo más importante: ese patrón fue útil en el pasado. Te protegió, te dio seguridad, te hizo sentir parte de algo.
Pero hoy… te limita.

Algunos patrones comunes:

- **Subir y bajar:** Ganas dinero, creces, pero luego lo pierdes o lo malgastas. Estás en un vaivén constante. Detrás suele haber miedo al éxito, a brillar, o culpa inconsciente.
- **Bloqueo de ingresos:** Trabajas mucho, te formas, haces de todo… pero los ingresos no fluyen. Detrás, muchas veces hay creencias de merecimiento o lealtades familiares.
- **Autoexigencia financiera:** Nunca es suficiente. No importa cuánto ganes o ahorres, siempre sientes que te falta. Detrás suele haber una herida de injusticia o perfeccionismo.
- **Desconexión total:** Evitas mirar tus cuentas, no haces números, «confías» pero sin consciencia. Detrás suele haber miedo, dolor antiguo o la creencia de que el dinero es sucio.
- **Salvador financiero:** Das más de lo que tienes, ayudas a todos menos a ti. Detrás suele haber una necesidad de amor o miedo a ser egoísta.

Estos patrones, muchas veces, se transmiten de generación en generación, a través de lo que viste, escuchaste y sentiste en tu familia. No se enseñan explícitamente: los absorbes, los repites… hasta que los ves.

Mi propio patrón: la despreocupada que confía... pero no cuida

Si miro mi historia con el dinero, reconozco que, en general, lo he hecho bastante bien. He trabajado mucho, he ganado bien y he conseguido ahorrar con ayuda de mi marido. Pero también veo que, a lo largo de los años, no he cuidado mis cuentas con el detalle que podría. No ha habido mucho control: yo no suelo hacer presupuestos, no reviso cada gasto, y más de una vez he dejado pasar pequeños importes que me debían o no he reclamado cosas que, en el fondo, eran mías.

Me encanta viajar y, aunque busco precios razonables, no suelo obsesionarme con encontrar la opción más barata. A veces compro cosas que luego no uso y ni siquiera me molesto en devolverlas. Esos euros «que se escapan» no me quitan el sueño… pero, si soy sincera, sé que con un poco más de atención podríamos haber aprovechado mejor nuestros recursos.

Este patrón de cierta despreocupación me ha dado libertad y me ha quitado estrés, pero también ha hecho que, aunque lo hemos hecho bien, podríamos haberlo hecho aún mejor. Y lo más importante: ahora lo veo, lo reconozco y elijo cuidar un poco más, no desde la culpa, sino desde el deseo de vivir con más conciencia y gratitud.

¿Cómo se forma un patrón?

- Hay una experiencia emocional significativa, directa o heredada.
- Se genera una creencia protectora como «si tengo mucho, me rechazan».
- Esa creencia se refuerza con el tiempo, a través de acciones y emociones.

- El cuerpo, la emoción y la mente lo viven como «normal».
- Se convierte en automático.
- Repetimos... hasta que lo vemos.

Verlo es el principio de liberarte

- No puedes cambiar lo que no ves.
- Pero una vez que lo ves, ya no puedes hacerte el loco.
- El patrón empieza a perder poder.
- Tu conciencia empieza a recuperar el mando.

EJEMPLO INSPIRADOR

Hace poco trabajé con Sonia, una mujer de 35 años que siempre decía que «el dinero se le escapaba de las manos». Cada vez que cobraba, hacía planes para ahorrar, pero a la semana ya había gastado más de la cuenta, y al final de mes volvía a estar a cero. Al principio, Sonia pensaba que simplemente era «mala para las cuentas» o que no tenía fuerza de voluntad.

En nuestras conversaciones, fuimos viendo que, en su casa de pequeña, el dinero siempre desaparecía rápido: su padre solía decir que «el dinero es para gastarlo, que mañana no sabemos si estaremos aquí». Sin darse cuenta, Sonia había heredado ese patrón: cada vez que tenía algo de dinero, sentía casi la obligación de gastarlo, como si ahorrar fuera traicionar esa forma de vivir.

Pregunta para ti:

¿Te pasa que, aunque te lo propones, siempre repites el mismo ciclo con el dinero? ¿De dónde crees que viene ese patrón?

Ejercicio: Mapa de tu patrón

- Elige una situación que se repite en tu vida financiera (siempre terminas sin dinero, no cobras a tiempo, gastas compulsivamente, etc.).
- Escríbela como si contaras una historia breve.
- Luego responde:
    ¿Qué emoción se repite en esa situación?
    ¿Qué creencia aparece?
    ¿A quién de tu familia te recuerda?
    ¿Qué parte de ti se está protegiendo ahí?
- Finalmente, pregúntate:
    ¿Qué me está enseñando este patrón?
    ¿Qué nuevo paso puedo dar hoy para romperlo?
    Un pequeño paso diferente ya es un acto de libertad.

Recuerda:

Quizá tú también te reconoces en este patrón o en otro diferente. No se trata de juzgarnos, sino de darnos cuenta de que, a veces, basta con mirar un poco más de cerca para empezar a cambiar. Cada pequeño gesto de atención es un paso hacia una relación más sana y libre con el dinero.

La libertad empieza cuando te permites ver y elegir diferente, sin culpa y con mucha compasión.

CAPÍTULO 8 – Tu armadura emocional: necesidad de control, reconocimiento y seguridad

«La armadura emocional no busca abundancia, busca control. Y a veces, preferimos tener razón que tener paz»

Hay una parte de ti que quiere que todo salga bien, que intenta protegerte, que te empuja, te exige o te bloquea según lo que cree que es «seguro».

A esta parte, muchos la llaman **ego**, pero yo prefiero llamarla tu **armadura emocional**, tu identidad aprendida, tu **yo reactivo**. No es tu enemigo, es tu escudo.

No es lo mismo que la soberbia. Es la versión de ti que aprendió a controlar, planear, compararse y evitar errores.

Es la voz que dice:
>«No lo voy a conseguir»
>«¿Quién soy yo para pedir eso?»
>«Mejor no arriesgar»
>«Ya no tengo edad»
>«Cuando tenga dinero, ahí sí podré disfrutar»
>«Tengo que demostrar que valgo»

¿Te suena?

Es tu armadura intentando mantenerte a salvo... aunque eso signifique quedarte en el mismo lugar.

Mi propia armadura emocional: la trampa del reconocimiento

Siempre he buscado el reconocimiento. Recuerdo perfectamente cuando me nombraron directora de una oficina. En realidad, nunca me gustó ese puesto, pero me aferraba a la idea de que me lo merecía y de cuánto se alegrarían los demás por mí. Me daba estatus, validación, una sensación de «haberlo conseguido» ... pero, siendo honesta, nunca estuve muy feliz haciendo ese trabajo. No lo disfrutaba mucho, no era mi lugar.

Aun así, seguía adelante, intentando demostrar que podía, aunque por dentro no sintiera bienestar. Me exigía tanto que iba a trabajar incluso estando mala, incapaz de permitirme fallar o mostrarme vulnerable. Sentía que no podía bajar la guardia, que tenía que sostenerlo todo y que, si no lo hacía, perdería mi valor ante los demás.

Por suerte, en algún momento me di cuenta y decidí cambiar de rumbo. Me fui a departamentos centrales, buscando algo más alineado conmigo. Fue un acto de honestidad conmigo misma, aunque costara soltar la necesidad de demostrar y de ser reconocida por fuera.

¿Qué busca tu armadura emocional con el dinero?

- **Control:**
  Saber exactamente cuánto, cuándo y cómo.
  Tener todo medido para evitar el caos.
  No depender de nadie, aunque eso te canse.

- **Reconocimiento:**
  Validarte a través del éxito.
  Ser visto como capaz, generoso o poderoso.
  Demostrar que «sí puedes», incluso si no disfrutas el proceso.
- **Seguridad:**
  Tener «por si acaso».
  Acumular sin permiso para disfrutar.
  Sentir que, si todo está bajo control, no hay peligro.

Y aunque todo esto tiene lógica emocional, muchas veces… te aleja de tu parte esencial, de tu yo auténtico.

Ejemplos reales:

1. Pienso en Rosa, una mujer que conocí en un curso. Rosa me contaba que siempre iba con la lista de la compra calculada al céntimo y, si algo se salía del presupuesto, le cambiaba el humor todo el día. Un día me contó, medio en broma, que hasta le costaba disfrutar de una comida fuera porque estaba pensando en si ese gasto era «necesario». Hablando con ella, entendí que ese control le daba seguridad, pero también la tenía un poco prisionera.

2. Tengo muy presente a Pedro, un compañero de trabajo de hace años. Siempre era el primero en ofrecerse para ayudar, en invitar a un café o en quedarse hasta tarde si hacía falta. Pero, cuando hablábamos a solas, me confesaba que a veces lo hacía porque le daba miedo que pensaran que no era suficiente o que no le valoraran. Al final, su generosidad era una forma de buscar cariño y reconocimiento, aunque él mismo no se daba cuenta.

3. No me olvido de Toñi, ahorraba todo lo que podía y siempre decía que «nunca se sabe lo que puede pasar». Tenía dinero guardado, pero le costaba muchísimo gastarlo, incluso en cosas que le hacían ilusión. A veces, cuando hablábamos, me decía que le daba miedo que, si se permitía disfrutar, luego lo podría necesitar. Su tranquilidad era tener ese colchón, aunque a veces se quedara con las ganas de vivir algo bonito.

Cuando tu armadura manda, la paz desaparece

Cuando dejas que tu armadura emocional dirija tu vida:
- Haces desde la presión, no desde el disfrute.
- Te comparas constantemente.
- No puedes parar de hacer, producir o planificar.
- Nunca sientes que es suficiente.

Y lo más paradójico es que tu armadura no te permite recibir. Porque siempre cree que hay algo que falta, algo que hacer, algo que mejorar.

Tu armadura necesita reconocimiento, pero tu parte esencial necesita confianza.

La verdadera abundancia no se construye desde la lucha interna. Se construye desde la confianza. Desde saber quién eres más allá del resultado, desde elegir lo que te nutre, no lo que te valida.

Y ahí, tu armadura emocional empieza a relajarse. Cuando siente que no tiene que sostener todo, ni defenderse, ni demostrar.

Ejercicio: Carta a tu armadura emocional

Escribe una carta desde tu armadura emocional.
→ Deja que se exprese sin filtro.
→ Que diga lo que teme, lo que quiere controlar, lo que le da rabia, lo que necesita.
→ Luego, responde a esa carta desde tu parte adulta y auténtica.
→ Agradécele por todo lo que ha hecho para protegerte.
→ Dile que ahora estás eligiendo confiar.
→ Que no la vas a eliminar, pero que ya no necesita estar al mando.

Este ejercicio puede ser muy liberador. Porque tu armadura solo necesita eso: ser vista, reconocida… y soltada con amor.

Recuerda:

No eres tu armadura. Eres mucho más que esa versión que aprendió a sobrevivir y a demostrar. Cuando te permites soltar el control, el reconocimiento y la exigencia, empiezas a vivir desde tu verdad, y el dinero se convierte en un reflejo de tu coherencia, no de tu miedo.

CAPÍTULO 9 – Tu parte más auténtica y las decisiones que te dan paz

«Dentro de ti hay una voz tranquila que no necesita demostrar nada. Solo recordarte lo que de verdad importa»

A veces, después de mirar todo lo que te limita o te hace dudar, llega el momento de escuchar esa parte de ti que te da calma. No hace falta llamarla «ser superior» ni ponerle un nombre raro. Es simplemente tu parte más auténtica, tu voz interna, la que sabe lo que de verdad te hace bien.

No es una voz que grite. Es la que aparece cuando te paras un momento y te preguntas: ¿Esto me da paz? ¿Esto es coherente conmigo? ¿Esto lo elijo yo, o lo hago por miedo o por quedar bien?

Mi ejemplo: Aprendiendo a elegir desde mi verdad

Reconozco que durante mucho tiempo he comprado cosas por impulso: ropa que luego no me pongo, bolsos que se quedan en el armario, viajes en los que no miraba mucho el precio y me decía «qué más da, esto es disfrutar».

Antes, sentía que necesitaba cambiar de ropa con frecuencia, como si eso me diera valor o alegría. Ahora, sin que haya sido un cambio radical, me paro un poco más antes de gastar. No digo que nunca me dé un capricho, pero sí evito esos gastos tontos que antes hacía casi sin pensar.

Hoy disfruto mucho más cuando hago un gasto que de verdad me llena: ir a un buen restaurante, un viaje en familia, una experiencia compartida. Son decisiones que tomo desde la calma, no desde la prisa o la necesidad de llenar un vacío.

Otra persona como yo...

Pienso en Rosa, una amiga que siempre solía comprar regalos caros para la familia en Navidad, aunque luego se agobiaba mucho con la tarjeta. Estas Navidades pasadas me contó que este año decidió hablarlo con todos y propuso hacer regalos más pequeños y con sentido. Al principio le daba miedo quedar mal, pero al final todos lo agradecieron. Rosa me decía que, por primera vez, disfrutó de las fiestas sin esa presión de gastar de más y, sobre todo, con mucha más tranquilidad.

¿Cómo puedes escuchar esa voz?

Haz una pausa antes de tomar una decisión importante.
Pregúntate: ¿Esto me acerca a la vida que quiero? ¿Me da paz?
Si la respuesta es sí, adelante. Si es no, date permiso para elegir distinto.

Ejercicio práctico

Durante unos días, cada vez que tomes una decisión con el dinero, por pequeña que sea, pregúntate:
¿Esto lo hago desde mi verdad, o desde la presión o el miedo?

Anota cómo te sientes después de cada decisión. Así, poco a poco, irás entrenando tu confianza en esa parte auténtica que todos llevamos dentro.

Recuerda:

No se trata de hacerlo perfecto, ni de dejar de disfrutar. Se trata de elegir con más conciencia y cariño, para que el dinero sea un aliado y no una fuente de culpa o ansiedad.

CAPÍTULO 10 – Reescribe tu historia: liberar, visualizar y elegir

«No eres lo que viviste. Eres lo que eliges hacer con eso»

Hasta aquí has mirado con honestidad tu historia financiera. Has reconocido heridas, patrones, creencias y voces internas que te han acompañado durante años y quizás, por primera vez, has dejado de juzgarte para empezar a comprenderte.

Este capítulo es un puente entre lo que fuiste… y lo que puedes ser. Un espacio para tomar todo lo vivido y, desde ahí, escribir algo nuevo.

Porque sí: **tu historia financiera puede reescribirse** y no se necesita empezar desde cero, solo empezar desde ti.

Liberar no es olvidar. Es soltar el peso emocional

Muchas personas creen que para cambiar su relación con el dinero tienen que olvidar el pasado o «borrar todo», pero la transformación no ocurre así.

La transformación ocurre cuando miras tu historia con compasión. Cuando puedes decir: «Esto viví, esto aprendí, esto me marcó… pero no me define» y entonces, sueltas el resentimiento, sueltas la vergüenza, sueltas la culpa y recuperas tu poder.

Visualizar no es soñar. Es decidir en qué te enfocas

Visualizar no es magia, pero sí es creación. Tu cerebro necesita dirección, tu energía necesita visión.

Cuando visualizas desde la emoción, desde la confianza y desde el merecimiento... algo se activa dentro de ti.

No se trata solo de imaginar cifras en una cuenta. Se trata de ver quién eres cuando te sientes libre, valiente, pleno y en paz con el dinero. Se trata de sentirlo en el cuerpo, de creértelo de verdad.

Elegir es un acto muy poderoso, el más poderoso que tienes.

Cada vez que eliges con conciencia, estás reescribiendo tu historia:

- Cuando dices «no» a un patrón repetido.
- Cuando dices «sí» a una nueva posibilidad.
- Cuando dejas de reaccionar y empiezas a responder.
- Cuando eliges desde el amor, no desde la herida.

Esto no ocurre de golpe, ocurre cada día, en lo pequeño, en lo cotidiano y ahí... nace tu libertad.

Mi propia historia reescrita

Yo misma he tenido que reescribir mi historia financiera. Durante mucho tiempo, me daba miedo invertir y prefería no arriesgarme. Hoy tengo inversiones y las gestiono con calma y con ayuda de mi gestor José Luis, que me acompaña, sin dejarme llevar por el miedo.

Antes no sabía decir «no» y aceptaba cosas que no me interesaban solo por complacer o por miedo a perder oportunidades. Ahora me permito decir «no» a lo que no me suma, sin miedo y con tranquilidad. No ha sido un cambio radical ni de un día para otro, pero cada pequeña elección consciente me ha ido acercando a una relación más sana y libre con el dinero.

Si tuviera que resumir en tres palabras lo que más me ha ayudado a transformar mi relación con el dinero y conmigo misma, serían: miedo, agradecimiento y visualización.

El miedo me ha acompañado siempre, y durante años pensé que debía luchar contra él. Pero he aprendido que el miedo es solo una señal de que estoy saliendo de mi zona cómoda, de que estoy creciendo. Ahora lo uso como motor para avanzar.

El agradecimiento. Cuando agradezco, aunque sea lo más pequeño, mi energía cambia. Dejo de fijarme en lo que me falta y empiezo a ver todo lo que ya tengo, todo lo que soy.

La visualización me ha enseñado a soñar despierta, a imaginar la vida que deseo y a ponerle intención y dirección a mis pasos. Visualizar no es fantasear, es entrenar mi mente y mi corazón para abrirme a nuevas posibilidades, para creer que puedo, que merezco y que es seguro avanzar.

Si tú también sientes miedo, si te cuesta agradecer o te parece difícil visualizar algo distinto, no te juzgues. Empieza poco a poco. Permítete sentir, agradecer y soñar. Son tres llaves que me han abierto muchas puertas, incluso cuando dudaba de mí misma.

Ejemplo inspirador:

Pienso en Inés que siempre aceptaba trabajos mal pagados por miedo a quedarse sin nada. Un día, después de mucho reflexionar, decidió rechazar una oferta que no le valoraba. Me contó que sintió miedo, pero también una enorme tranquilidad. Al poco tiempo, surgió una oportunidad mejor. Inés me contó que, aunque no siempre es fácil, ahora elige desde el respeto a sí misma y no desde el miedo.

Ten paciencia y sé compasivo contigo

Reescribir tu historia financiera es un proceso, no un salto instantáneo. Habrá días en los que avances y días en los que sientas que retrocedes. Está bien, a mí me ocurre, a todos nos ocurre. Lo importante es la constancia y la compasión contigo mismo. Permítete celebrar cada pequeño paso, cada nueva elección, cada vez que te escuchas y te cuidas.

Comparte tu nuevo guion

Si te apetece, comparte tu nuevo guion financiero con alguien de confianza, o escríbelo y colócalo en un lugar visible para ti. A veces, decirlo en voz alta o compartirlo con alguien querido da aún más fuerza a tu compromiso contigo mismo. A mí me cuesta hacerlo, pero reconozco que cuando lo hago es muy poderosa la sensación y el resultado.

Ejercicio: Tu nuevo guion financiero

Toma una hoja y escribe, en presente, cómo es tu nueva historia con el dinero.
→ ¿Cómo piensas?
→ ¿Cómo te sientes?
→ ¿Cómo tomas decisiones?
→ ¿Qué permites? ¿Qué ya no repites?

Luego, escribe tres frases clave que te acompañarán a partir de hoy.
Ejemplos:
• Elijo confiar en mí para manejar el dinero con conciencia.

- Mi valor no depende de cuánto tengo, sino de quién soy.
- Estoy en paz con dar, recibir y disfrutar.

Léelo en voz alta cada mañana durante una semana. Siente cada palabra como una semilla que estás plantando.

Recuerda:

No eres lo que viviste. Eres lo que eliges hacer con eso. Cada día tienes la oportunidad de escribir una historia nueva, más libre, más consciente y tuya.

PARTE III – NUEVAS ACCIONES CON ALMA Y DIRECCIÓN

CAPÍTULO 11 – Valores y dinero: lo que de verdad importa

*«Cuando tu dinero refleja tus valores,
la abundancia no solo se siente... se vive»*

Muchas veces queremos cambiar nuestra economía y empezamos por lo de fuera: hacer un presupuesto, ganar más, gastar menos, invertir y todo eso está bien... pero si no está conectado con nuestros valores más profundos, no dura.

Porque la motivación externa se desgasta, pero lo que nace de tus valores... te sostiene desde dentro.

¿Qué son tus valores?

Tus valores son los principios que te guían, lo que te importa de verdad, lo que le da sentido a tus decisiones y a tu vida. Son el ancla que necesitas para no perderte en la comparación, la presión externa o el ruido social.

Mi experiencia con los valores y el dinero

Te confieso que yo misma he descubierto muchas veces que no estaba alineada con mis valores, y por eso me sentía mal. Por ejemplo, uno de mis valores principales es la salud, pero reconozco que no siempre me cuido lo suficiente. También valoro mucho la libertad, pero durante años he estado atada a cosas, rutinas o compromisos que me alejaban de esa sensación de libertad real.

Otro valor fundamental para mí es la independencia. Por eso me costó tanto decidir irme del banco: tenía miedo de perder esa independencia económica que tanto había luchado por conseguir. A veces, la cabeza me decía una cosa, pero mis valores y mi corazón me pedían otra y esa incoherencia se notaba: me sentía inquieta, insatisfecha, como si algo no encajara del todo.

Con mis mismos valores me acuerdo de Sandra, que durante mucho tiempo gastaba dinero en cosas que no le aportaban nada, pero luego le daba pereza invertir en una revisión médica o en una clase de yoga. Un día, después de una conversación, se dio cuenta de que la salud era uno de sus valores principales, pero sus gastos no lo reflejaban. Empezó a hacer pequeños gestos para cuidarse y, aunque no cambió de la noche a la mañana, ahora se siente mejor, más alineada y coherente con sus valores.

¿Qué pasa cuando vives en incoherencia financiera?

- Gastas en cosas que no necesitas, solo para sentirte aceptado.
- Inviertes en lo que «deberías» en vez de lo que quieres.
- Te frustras porque el dinero se va sin dejarte satisfacción.
- Te alejas de ti, aunque tu cuenta esté llena.

Vivir desde tus valores no es solo «ser buena persona». Es también una estrategia de libertad y bienestar. Cuando tus decisiones financieras están alineadas con lo que de verdad importa para ti, sientes paz y sentido, aunque no seas la persona más rica del mundo.

Tus valores pueden guiar tus decisiones financieras

- ¿Valoras la salud? Invierte tiempo y dinero en cuidarte, aunque sea en pequeños gestos.
- ¿Valoras la libertad? Elige opciones que te permitan sentirte más ligero y menos atado.
- ¿Valoras la independencia? Busca formas de sostenerla, pero sin sacrificar tu bienestar emocional.
- ¿Valoras el disfrute? Permítete gozar sin culpa.
- ¿Valoras el crecimiento? Elige formarte, invertir en ti, expandirte.

Cuanto más respetes tus valores, más paz y coherencia sentirás.

Ejercicio: Mapa de valores financieros

Haz una lista de 10 cosas que realmente valoras en tu vida (pueden ser palabras como paz, conexión, creatividad, familia, independencia, belleza, impacto, honestidad, libertad, aprendizaje…).

Observa tus últimos 10 gastos importantes:

→ ¿Están alineados con esos valores?

→ ¿Cuáles sí? ¿Cuáles no?

→ ¿Dónde podrías elegir distinto?

Finalmente, escribe esta frase en grande y ponla donde la veas:

«Mi dinero está al servicio de lo que realmente me importa»

Recuerda:

Vivir en coherencia con tus valores no solo te hace sentirte mejor contigo mismo, sino que te ayuda a tomar decisiones económicas más conscientes, satisfactorias y sostenibles en el tiempo.

No se trata de hacerlo perfecto, sino de ir ajustando, poco a poco, para que tu dinero sea un reflejo de lo que de verdad te importa.

Más allá de los valores: LAS NECESIDADES EMOCIONALES que mueven tu economía

A veces creemos que nuestras decisiones con el dinero solo dependen de nuestros valores, pero en realidad, muchas veces lo que buscamos es satisfacer necesidades emocionales profundas. **Tony Robbins** habla de seis necesidades humanas universales que, de una forma u otra, están detrás de casi todo lo que hacemos, también en nuestra economía.

¿Cuáles son estas necesidades?

- **Certeza o seguridad:**
Es la necesidad de sentir seguridad, estabilidad y control. Buscamos evitar el dolor y asegurarnos el placer. En lo financiero, se traduce en ahorrar para emergencias, buscar trabajos estables o evitar riesgos. Si la seguridad es muy fuerte en ti, probablemente te cueste cambiar o asumir nuevas oportunidades, aunque puedan ser positivas.
- **Variedad o incertidumbre:**
Aunque necesitamos seguridad, también necesitamos sorpresa, cambio y estímulos nuevos. En el dinero, esto puede verse

en quienes disfrutan de invertir en proyectos diferentes, probar nuevas formas de ganar dinero, o darse caprichos inesperados. Sin variedad, la vida se vuelve monótona y aburrida.

- **Significado o Importancia:**

Todos queremos sentirnos especiales, valorados, únicos. El dinero puede ser una vía para demostrar éxito, reconocimiento o estatus. A veces compramos cosas para sentirnos importantes o para que los demás nos vean de una determinada manera.

- **Amor y conexión:**

La necesidad de sentirnos unidos a otros, de pertenecer, de amar y ser amados. Muchas veces gastamos dinero para compartir, para hacer regalos, para vivir experiencias juntos o para sentirnos parte de un grupo. El dinero, aquí, es un puente hacia la conexión.

- **Crecimiento:**

Es la necesidad de desarrollarnos, aprender, avanzar. Invertir en formación, en experiencias nuevas, en nuestro bienestar o en proyectos personales, suele responder a este impulso de crecer y expandirnos.

- **Contribución:**

Más allá de nosotros mismos, todos necesitamos sentir que aportamos, que dejamos huella, que ayudamos a otros. Donar, apoyar causas, compartir nuestro conocimiento o nuestro tiempo, son formas de cubrir esta necesidad de contribuir.

¿Por qué es importante reconocerlas?

Cada persona prioriza estas necesidades de forma diferente, y eso explica por qué a veces actuamos en contra de nuestros valores o de lo que «deberíamos» hacer. Por ejemplo, puedes valorar el ahorro, pero si tu necesidad de variedad es muy alta, te costará mantenerte en un presupuesto estricto. O puedes querer invertir, pero si tu necesidad de seguridad es muy fuerte, te costará asumir riesgos.

La forma en la que cubrimos estas necesidades puede acercarnos o alejarnos de nuestro bienestar financiero y personal.

No hay necesidades «buenas» o «malas», pero sí hay maneras más o menos saludables de satisfacerlas.

Lo importante es observar, con cariño y sin juicio, de qué forma estamos cubriendo cada necesidad. Pregúntate: ¿esto que hago me acerca a mi bienestar y a mis objetivos, o me aleja de ellos? Así, poco a poco, podrás elegir vehículos más conscientes y alineados contigo, que te ayuden a crecer y a vivir el dinero de una manera más sana y plena.

Ejemplo personal:

En mi caso, durante muchos años me aferré a la seguridad que me daba mi trabajo en el banco. Aunque a veces sentía que no era lo que más feliz me hacía, esa estabilidad cubría una necesidad vital para mí: saber que tenía un sueldo fijo, una rutina y un entorno conocido. Reconozco también que, además de esa necesidad de seguridad, buscaba sentirme valiosa y reconocida. Me exigía mucho, dedicaba prácticamente todo mi día y mi energía al trabajo, como si tuviera que demostrar constantemente mi valía, tanto a los demás como a mí misma.

Con el tiempo, y a base de mucho autoconocimiento, me di cuenta de que ese equilibrio ya no me servía igual. Empecé a sentir la llamada de otras necesidades: crecer, aprender, explorar cosas nuevas, aportar algo distinto al mundo. Poco a poco, fui cambiando el orden de mis prioridades. Ahora, el crecimiento y la contribución ocupan un lugar mucho más importante en mi vida. Sigo valorando la seguridad, pero la combino con la variedad y el aprendizaje, y, sobre todo, con el deseo de aportar y dejar huella en los demás.

Entender esto me ayudó a dejar de sentirme en conflicto y a tomar decisiones más alineadas con lo que realmente soy y necesito en esta etapa de mi vida.

El caso de Víctor:

Víctor, fue una persona a la que acompañé. Siempre buscaba tener un colchón de ahorro por seguridad, pero sentía que su vida era muy monótona. Cuando se dio cuenta que también necesitaba variedad y crecimiento, decidió dedicar una parte pequeña de su dinero a formaciones y a probar actividades diferentes, como pilates. Así, encontró un equilibrio entre sentirse mejor y seguir creciendo.

Te invito a observar:

- ¿Qué necesidad emocional está detrás de tu forma de ganar, gastar, ahorrar o invertir?
- ¿Están tus valores y tus necesidades alineados, o hay conflicto?
- ¿Puedes cubrir esa necesidad de una forma más consciente y saludable?

Ejercicio:

Haz una lista de tus valores principales y, junto a cada uno, identifica qué necesidad emocional lo sostiene. Por ejemplo:
- Valor: Libertad → Necesidad: Certeza y variedad

- Valor: Familia → Necesidad: Amor/conexión
- Valor: Crecimiento personal → Necesidad: Crecimiento y contribución

Reconocer tus necesidades emocionales no es una debilidad, es una brújula para tomar decisiones más alineadas y vivir el dinero desde un lugar más consciente y libre.

CAPÍTULO 12 – Presupuesto consciente, ahorro con propósito

«Presupuestar no es limitarte. Es darte claridad para vivir
en paz con lo que tienes y abrir espacio para lo que deseas»

Durante mucho tiempo, la palabra «presupuesto» me sonaba a castigo, a límites, a obligación. Me imaginaba una hoja de Excel rígida y números que me decían todo lo que no podía hacer.

La verdad es que a mí nunca me ha gustado hacer presupuestos. Soy inquieta, impaciente y siempre he sentido que dedicar tiempo a anotar cada gasto no era para mí. Sin embargo, siempre me ha gustado ahorrar, y lo he hecho de forma sencilla: apartando dinero a otra cuenta, separada de la de los gastos del día a día. Así, sin grandes complicaciones, he conseguido cuidar mi tranquilidad financiera.

Gracias a ese hábito de ahorrar, hemos podido hacer cosas importantes y bonitas en familia:

- Viajar sin endeudarnos, disfrutando de cada experiencia con la tranquilidad de saber que estaba todo cubierto.
- Hacer una obra grande en casa, mejorando nuestro espacio y calidad de vida sin agobios económicos.
- Tener caprichos de vez en cuando, sin culpa y con alegría.
- Quitar la hipoteca antes de tiempo, porque para nosotros eso era un auténtico descanso y una forma de ganar libertad en ese momento de la vida.

Con el tiempo, he visto el valor que tiene hacer un presupuesto, sobre todo para saber a dónde se va el dinero y tomar decisiones más conscientes. He conocido a personas que, al empezar a presupuestar, aunque fuera de forma sencilla, han sentido una gran ayuda y claridad. Por eso, aunque no sea mi herramienta favorita, sí animo a que cada persona encuentre su propia manera de hacerlo, sin exigencia extrema, sin obsesión, pero con el objetivo de ganar claridad y libertad.

Presupuesto consciente = elección alineada

Un presupuesto consciente no es perfecto ni cerrado. Es una herramienta que refleja:
- Tus valores
- Tus prioridades
- Tu realidad actual
- Tus sueños

No está hecho para castigarte, sino para ayudarte a elegir con libertad y responsabilidad.

El ahorro también puede ser algo bonito. Muchas veces ahorramos desde el miedo «por si pasa algo malo» y eso nos mantiene en una energía de escasez.

Pero cuando ahorras desde el deseo, desde el cuidado, desde la visión de lo que quieres crear… cambia todo.

Ahorrar puede ser un acto de amor propio. Un regalo para tu «yo del futuro».

Una semilla de tranquilidad, no una renuncia.

Tres pilares para una economía en equilibrio:

Sostén presente
¿Qué necesitas cubrir para vivir tranquilo cada mes?
¿Cuánto es suficiente para sentirte seguro?
Aquí va tu base: gastos esenciales, bienestar básico.

Disfrute consciente
¿Qué te hace sentir vivo, feliz, conectado?
¿Qué momentos te alimentan de verdad?
Inclúyelos. No te olvides de ti.

Visión a futuro
¿Qué te gustaría crear, vivir, lograr?
¿Qué pasos financieros puedes dar hoy hacia eso?

Cuando tu economía incluye estos tres pilares, el dinero deja de ser una carga y empieza a ser una herramienta al servicio de tu vida.

El caso de Miriam

Miriam, madre de dos hijos, ella siempre ha llevado las cuentas de casa. Un día, después de una charla que di, solicitó mi ayuda y juntas hicimos un trato. Ella decidió separar el dinero en tres apartados: lo imprescindible (comida, casa, colegio…), lo que les daba alegría (salidas, cine, helados…) y un pequeño fondo para el futuro (ahorro para unas vacaciones…). Me contaba que, aunque no siempre podía poner mucho en cada apartado, solo el hecho de pensarlo así le daba sensación de equilibrio y le ayudaba a disfrutar más de cada cosa.

Ejercicio: Tu mapa financiero esencial

Haz tres columnas: Sostén, Disfrute, Visión.
o Escribe en cada una lo que hoy necesitas o deseas incluir.
o Asigna una cantidad mensual a cada área, aunque sea simbólica.
o Revisa si tu dinero está yendo hacia lo que realmente importa.

Este ejercicio no es para controlar, sino para despertar tu poder de elegir.

Recuerda:

No se trata de hacerlo perfecto ni de vivir pendiente de cada céntimo. Se trata de conocerte, de saber a dónde va tu dinero y de cuidar tu tranquilidad. Cuando tu presupuesto nace de tus valores y tu ahorro tiene propósito, el dinero deja de ser un motivo de estrés y se convierte en un aliado para tu vida.

CAPÍTULO 13 – Abundancia alineada: gozar, invertir, contribuir

*«Abundancia no es tener mucho. Es sentirte libre, en paz
y pleno con lo que das, recibes y eliges»*

Durante años, la palabra «abundancia» me parecía lejana, casi inalcanzable. La asociaba con exceso, con algo reservado para otros, con ostentación. Pero a medida que fui entendiendo mi relación con el dinero, descubrí algo: la abundancia verdadera no es algo externo. Es una forma de estar en la vida.

No tiene que ver con tener más. Tiene que ver con sentir que lo que tienes y cómo lo usas están en coherencia con tu alma y desde ahí, el dinero se convierte en un canal. Un canal para gozar, invertir en ti y contribuir al mundo.

1. Gozar sin culpa

Siempre he disfrutado mucho viajando y compartiendo experiencias con mi familia, porque para mí ellos son un valor principal. Sin embargo, es innegable que a veces me asaltaba el pensamiento de «¡cuánto nos estamos gastando!». Disfrutar sin culpa no siempre es fácil, sobre todo cuando el dinero está de por medio. Pero he aprendido a permitirme esos momentos, a honrar la vida y el valor de estar juntos, aunque a veces surja la duda o la preocupación.

Gozar desde el alma no es derrochar, es permitirte vivir desde el placer consciente.

Abundancia es darte permiso para:

- Comer algo rico sin justificarlo.
- Hacer un viaje porque sí.
- Invertir en algo que te hace ilusión.
- Sentarte a tomar un café sin pensar en la cuenta.

No para impresionar, no para demostrar. Solo para honrar la vida.

2. Invertir en ti con visión

Invertir en mí misma ha sido otro reto. Cuando dejé el banco, he hecho formaciones costosas, he contratado un entrenador personal o una nutricionista… y reconozco que siempre me venía el pensamiento de «¡qué gasto tan alto!». Sentía culpa por gastar en mí, pero no la sentía cuando era para otras cosas de la casa o la familia. Aun así, poco a poco, he ido permitiéndome estas inversiones, entendiendo que son una forma de cuidarme y crecer. Y, aunque me costó dar el paso, me he sentido bien por ello.

Invertir en ti no es un lujo.
Es una necesidad si quieres crecer.

Formarte, cuidarte, expandirte, sanar… es una inversión que siempre vuelve y cuando lo haces desde el compromiso contigo, el dinero se convierte en un aliado.

Pregúntate:

¿En qué parte de mí me gustaría invertir más este año?

¿Qué decisión financiera podría ser una declaración de amor propio?

Invertir en ti es decirle al universo: «Confío en mí. Me tomo en serio».

3. Contribuir desde tu esencia

Reconozco que siempre he sido bastante generosa y me gusta ayudar, dar donativos o apoyar a quien lo necesita. Siento que es importante contribuir, y me llena hacerlo. Aunque también admito que, a veces, he juzgado a quienes no lo hacen, como si todos tuvieran que sentir lo mismo que yo. Estoy aprendiendo a cuidar eso, a entender que cada uno estamos en un episodio diferente de nuestra vida y que la generosidad toma formas distintas para cada persona.

Contribuir no siempre es donar grandes cantidades, a veces es compartir tu conocimiento, acompañar a alguien, invertir en un proyecto con propósito o apoyar una causa que te conmueve.

La generosidad no está en la cantidad, está en la intención y cuando das desde un lugar lleno, no te vacías. Te expandes.

Nuestra abundancia en familia

A veces, cuando pienso en lo que significa la abundancia para mí, me viene a la cabeza un viaje cualquiera en familia. Recuerdo hace poco, nos fuimos los cuatro a pasar unos días a Roma. Fueron días donde nos regalamos tiempo, muchas risas y muchas fotos, esas le encantan a mi hija. Hubo un momento en el que miré a mi marido y a mis hijos y pensé: «¡Qué afortunada soy!, ¡cuánta abundancia tengo!».

Otras veces también pienso en las veces que me ha costado invertir en mí, como cuando decidí hacer la formación de coach, recuerdo el esfuerzo económico que supuso, pero en casa siempre me han apoyado y entendido que era en realidad una inversión en nuestra familia. Esa confianza para mí es una forma de abundancia compartida.

Ejercicio: Abundancia activa

- Escribe tres formas en las que hoy podrías disfrutar más tu dinero, aunque sea poco.
- Escribe una inversión que llevas tiempo posponiendo por miedo. ¿Qué te impide dar ese paso?
- Escribe una forma concreta en la que te gustaría contribuir en tiempo, dinero o energía.

Este ejercicio te ayuda a recordar que el dinero no está solo para resolver. Está para expresar quién eres.

El dinero es una energía que se activa cuando se pone en movimiento con intención. Gozar, invertir, contribuir... son formas de expandir tu vida sin perderte en el hacer.

CAPÍTULO 14 – Estrategia financiera simple y poderosa

«No necesitas una estrategia perfecta. Necesitas una que entiendas, que respetes… y que puedas sostener con amor»

Durante mucho tiempo pensé que mejorar mi economía requería complicarme: hojas de cálculo tediosas, inversiones muy difíciles, control absoluto. Y en esa rigidez… me desconectaba de mí misma.

Pero no estamos aquí para vivir con presión financiera. Estamos aquí para construir una relación con el dinero que nos dé paz, claridad y dirección.

Eso se logra con una **estrategia sencilla, coherente y flexible**. Una estrategia que puedas sostener con tu ritmo, tu energía y tu verdad. He tenido clientes y alumnos que han elegido inversiones que no eran sostenibles con su energía y verdad y el resultado era que no duraba, que enseguida la abandonaban con la correspondiente frustración.

Los pilares de una estrategia financiera con alma

1. Conocer tu punto de partida sin juicio:

¿Cuánto ingreso realmente cada mes?
¿Cuánto sale en promedio?
¿Qué porcentaje va a sostén, disfrute y visión?

No es para castigarte. Solo para saber dónde estás y desde dónde puedes avanzar.

Mi experiencia:

Confieso, como ya he comentado, que nunca he sido de hacer presupuestos detallados. Me cuesta seguir una hoja de Excel o anotar cada gasto. Pero sí he aprendido algo fundamental: mirar mis cuentas con cariño y sin castigarme.

Ahora reviso mis cuentas con calma, sin miedo a lo que voy a encontrar, y de vez en cuando me siento con mi gestor para repasar las inversiones y asegurarme de que todo sigue alineado con lo que quiero y necesito.

No busco la perfección, sino la tranquilidad y la claridad y te soy muy sincera: muchas veces me salgo del plan. Creo que es lo más normal del mundo. Lo importante no es no desviarse nunca, sino darse cuenta, reconducir lo que se pueda y no perder la confianza en uno mismo. Cada vez que vuelves a tu camino, estás creciendo y aprendiendo.

2. Tener un sistema simple de planificación

No necesitas 20 categorías. Solo claridad. Puedes usar este modelo básico:

50% SOSTÉN (gastos fijos, alimentación, básicos)

30% DISFRUTE (ocio, viajes, deseos cotidianos)

20% VISIÓN (ahorro, inversión, formación, sueños)

Adáptalo. El número es menos importante que la conciencia que hay detrás.

3. Definir objetivos concretos y emocionales

- ¿Qué te gustaría lograr en 3, 6 y 12 meses?
- ¿Cómo te vas a sentir cuando lo logres?
- ¿Qué necesitas dejar de hacer para lograrlo?

No pongas metas solo numéricas. Conecta cada objetivo con una emoción: tranquilidad, libertad, orgullo, alivio, expansión.

4. Diseñar hábitos semanales de revisión

Un día a la semana, mira tus cuentas con cariño.

Agradece lo que tienes y observa sin castigo.

Ajusta si hace falta, pero desde el presente, no desde el miedo.

¿Y si te sales del plan?

Está bien, esto no es una jaula, solo es un mapa.

Si te desajustas, no fallaste, solo necesitas reconectar.

No pierdas más energía culpándote. Utiliza esa energía para volver a ti.

Ejemplo inspirador:

Pienso en mí misma, pero también en muchas personas a las que he acompañado. Por ejemplo, recuerdo a Belén, una clienta que siempre intentaba seguir métodos muy estrictos para organizar su dinero. Se descargaba plantillas, intentaba anotar hasta el último céntimo... y al final, acababa agobiada y abandonando todo al poco tiempo.

Un día, en una de nuestras sesiones, le propuse que simplificara: que solo tuviera tres grandes bloques para su dinero cada mes (lo esencial, lo que le daba alegría y lo que quería conseguir para el futuro). Belén empezó a separar su dinero, sin demasiadas categorías, y a revisar sus cuentas una vez por semana, sin presión. Me decía que, por primera vez, sentía que podía sostener ese sistema, que ya no era una carga, y que incluso disfrutaba revisando ese plan con un café y música de fondo.

Ejercicio: Tu hoja de ruta consciente

- Escribe tu punto de partida actual: ingresos, gastos, emociones asociadas.
- Define tu visión a corto (3 meses), medio (6 meses) y largo plazo (1 año).
- Elige una estructura simple para dividir tu dinero mes a mes.
- Programa una «cita financiera» semanal contigo mismo. Puede ser con música, café y cuaderno, pero que sea un momento de presencia, no de tensión.

Recuerda:

Tu estrategia no necesita ser perfecta. Solo necesita ser tuya.

Fiel a lo que tú valoras, respetuosa con tus emociones y capaz de sostener tu paz interna y desde ahí... sí puedes crear abundancia real.

CAPÍTULO 15 – Vivir con libertad sin perder el sentido

«La libertad financiera no se trata solo de tener más, sino de elegir con conciencia quién quieres ser en cada paso del camino»

Cuando hablamos de libertad financiera, muchas personas imaginan cifras, viajes, tiempo libre o independencia absoluta. Y sí, todo eso puede estar presente…pero la libertad verdadera no empieza cuando tienes todo resuelto.

La libertad empieza cuando dejas de vivir en lucha. Cuando tus decisiones ya no nacen del miedo, la comparación o la necesidad de demostrar. Cuando puedes mirar tu economía con paz… y tu vida con sentido.

¿Qué es realmente la libertad financiera?

Para mí, una de las señales más claras de libertad financiera es poder dormir bien. Sentir que no me voy a la cama con la cabeza llena de preocupaciones económicas, que puedo descansar de verdad porque sé que el dinero está al servicio de mi vida, y no al revés. Eso, para mí, vale más que cualquier cifra en la cuenta.

La libertad financiera también es:

- Poder tomar decisiones sin ansiedad constante.
- Tener margen para elegir (qué hacer, con quién, cuándo, cómo).
- Vivir en coherencia con tus valores.
- Sentir que el dinero está al servicio de tu vida... y no al revés.
- Tener estructura, pero también flexibilidad.

¿Y para ti? La libertad tiene una definición distinta para cada persona. Y eso es lo bonito: la tuya puede ser tan única como tú.

Cuando hay sentido, hay rumbo

Hay personas que ganan mucho... y viven perdidas y otras que ganan menos... pero saben hacia dónde van.

En mi etapa en la banca, tuve la oportunidad de ver muchos escenarios diferentes que me abrieron los ojos y me ayudaron a entender mejor la complejidad de la relación de las personas con el dinero. Vi gente que ganaba mucho dinero pero que, sin embargo, no era feliz; personas endeudadas que luchaban por salir adelante; parejas en las que uno mentía al otro por cuestiones económicas; y también personas que vivían por encima de sus posibilidades, atrapadas en un ciclo de insatisfacción.

Todas estas experiencias me enseñaron que el dinero, aunque puede comprarte tiempo, posibilidades y recursos, no es sinónimo de felicidad. La verdadera riqueza está en encontrar un sentido, un propósito que guíe nuestras decisiones y nos permita vivir con autenticidad y plenitud.

Por eso, aunque el dinero es una herramienta valiosa, la libertad real no está solo en el saldo de tu cuenta bancaria, sino en tu capacidad de vivir con propósito y sentido en cada elección diaria.

Recuerdo el caso de Javier, un cliente que conocí en mi etapa en la banca. Javier tenía un sueldo muy alto, un coche impresionante y podía permitirse casi cualquier capricho. Sin embargo, cada vez que venía a la oficina, lo notaba agotado y, en el fondo, bastante perdido. Me contaba que trabajaba muchas horas y que, aunque tenía de todo, sentía que la vida se le escapaba y que nada le llenaba de verdad.

Sin embargo, pienso en Pilar, otra clienta que ganaba bastante menos. Pilar llevaba una vida sencilla, pero tenía muy claro lo que le hacía feliz: pasar tiempo con sus hijos, cuidar su pequeño huerto yéndose a su pueblo cuando podía y disfrutar de las cosas cotidianas. Siempre venía a la oficina con una sonrisa, y aunque su cuenta no era espectacular, se notaba que vivía feliz.

Cuidado con la trampa de «deber tenerlo todo claro»

No necesitas un plan perfecto de por vida. Solo necesitas conexión y voluntad para revisar, ajustar y avanzar con presencia.

La libertad no es estática. Se construye paso a paso, con decisiones conscientes. Se sostiene con hábitos, con valores, con visión… y también con descanso.

Ejercicio: Tu brújula de libertad

- Escribe tu propia definición de libertad financiera.
  ¿Qué significa para ti?
  ¿Cómo sabrás que la estás viviendo?

- Luego escribe:
  ¿Qué hábitos te acercan a esa definición?
  ¿Qué pensamientos o comportamientos te alejan?

Diseña un compromiso simple, flexible y profundo contigo mismo. Puede ser una frase, una intención o un pequeño ritual semanal. Algo que te recuerde que ya estás caminando hacia tu libertad... con alma.

Este es un buen momento para hacer una pausa, respirar y honrar todo lo que has recorrido. Has mirado tu historia, tus heridas, tus patrones.

Has despertado tu conciencia, conectado con tu ser esencial, definido tu visión y creado una estructura real. Ahora sabes que puedes vivir con libertad... sin perder el sentido.

PARTE IV –
LA INTEGRACIÓN:
UNA NUEVA IDENTIDAD

CAPÍTULO 16 – Paz financiera: equilibrio interno, no perfección externa

«La paz financiera no se alcanza cuando todo está resuelto…
sino cuando dejas de vivir en guerra contigo mismo»

Muchas personas persiguen el equilibrio financiero creyendo que llegará cuando:
→ No tengan deudas.
→ Ahorren una cantidad determinada.
→ Les suban el sueldo.
→ Por fin inviertan bien.

Y sí, esas cosas ayudan. Pero la verdadera paz financiera no tiene tanto que ver con lo que pasa fuera… como con lo que vives por dentro.

Paz no es tenerlo todo

Paz es dejar de sentir que nunca es suficiente. Es vivir desde la elección, no desde la exigencia, desde la confianza, no desde el miedo.

El equilibrio no es estático. Habrá meses con más y meses con menos y días de abundancia y días de preocupación.

Lo importante no es eliminar el movimiento, es aprender a estar contigo en medio de él.

El equilibrio real no significa que nunca falles, significa que ya no te castigas cuando lo haces, que puedes volver a ti sin drama, y que el dinero ya no decide tu valor.

Mi experiencia con la paz financiera

Te confieso que a mí todavía me cuesta vivir esa paz financiera plena. No porque me falte nada, sino porque sigo queriendo avanzar, aprender, crecer. No puedo negar que en mi cabeza a veces rondan dudas, preguntas, pequeños miedos… Pero la diferencia es que ya no me agobio tanto como antes.

He aprendido a confiar en que nunca me faltará de nada en lo económico y, sobre todo, sé que tengo los recursos internos suficientes para lograr lo que me proponga.

Hoy disfruto mucho más de las cosas pequeñas: un café con amigas, un fin de semana con mi marido, un viaje en familia, ir de compras con mis hijos…

He aprendido a disfrutar esos momentos sin ansiedad, con gratitud y con la certeza de que la paz no es un destino, sino una forma de caminar cada día.

Hace poco, una amiga me contaba que tuvo una avería inesperada en el coche y tuvo que tirar de los ahorros. Antes, eso le habría generado mucha ansiedad, sin embargo, gracias a su trabajo interior ahora me decía: «No pasa nada, sé que voy a volver a ahorrar». Para mí, eso es tranquilidad financiera: no dejarse arrastrar por el drama, sino volver a la calma y confiar en que puedes recomponerte.

El éxito exterior no siempre trae paz interior

A veces creemos que la paz financiera llegará cuando alcancemos el éxito que imaginamos: ese ascenso, ese reconocimiento, ese nivel de ingresos que parece la meta definitiva. Pero la vida y la experiencia me han enseñado que el éxito exterior, por sí solo, no garantiza la calma ni la plenitud interior. De hecho, puede ser difícil de sostener y, en ocasiones, incluso aislante.

Pienso en la historia de Robin Williams, un actor y humorista que hizo reír y emocionar a millones de personas en todo el mundo. Ganó premios, fue admirado y querido, y parecía tenerlo todo. Pero en su interior, la tristeza y la soledad le acompañaban. Su historia nos recuerda que el brillo externo no siempre refleja la realidad interior, y que el éxito puede ser una carga difícil de gestionar si no hay un equilibrio emocional y un sentido profundo de vida.

No es un caso aislado. El mánager de los Beatles, Brian Epstein, fue alguien fundamental para el éxito de la banda más famosa de la historia. Sin embargo, la presión, la responsabilidad y la soledad le pasaron factura. A pesar del reconocimiento y la fortuna, no encontró la paz que buscaba. Lo mismo ocurre con muchos deportistas, músicos o científicos reconocidos: tras recibir premios o alcanzar la cima de sus carreras, han confesado sentirse vacíos o perdidos, como si el éxito les hubiera dejado sin rumbo.

Estas historias no son excepciones: son recordatorios de que el éxito, tal y como la sociedad lo entiende, puede ser frágil y, a veces, solitario. Gestionar la fama, el dinero o la admiración no es sencillo, y muchas veces nos olvidamos de que detrás de cada logro hay una persona con miedos, dudas y necesidades emocionales.

Por eso, me gusta pensar que la verdadera paz financiera y la verdadera paz en general no depende de lo que conseguimos fuera, sino de cómo nos sentimos por dentro. No está en la perfección, ni en el reconocimiento, ni siquiera en la abundancia material. Está en la capacidad de volver a ti, de escucharte, de cuidar tus raíces y de valorar lo que eres, más allá de lo que tienes o logras.

Y aquí es donde entran en juego las tres anclas que te propongo para cultivar tu paz financiera.

Tres anclas para cultivar tu paz financiera

- **Autocompasión:**

Habrá errores, imprevistos, emociones. No pasa nada, no necesitas exigirte perfección, solo presencia.

- **Flexibilidad con estructura:**

Ten una base, pero no te encierres. Ajustar también es amor propio.

- **Conexión contigo:**

Tu cuerpo, tu energía, tu intuición… saben. Escúchalos al tomar decisiones. Ellos también hablan de dinero.

La presión constante, la culpa, la comparación, la necesidad de demostrar… te alejan de ti. La paz aparece cuando eliges con calma, aunque no tengas todo claro. Cuando disfrutas de lo que ya tienes, sin dejar de avanzar y cuando puedes decir: «Hoy estoy bien. Y también quiero más».

Ejercicio: Tu declaración de paz financiera

1. Escribe en tu cuaderno:
   → ¿Qué significa para mí tener paz financiera?
   → ¿Qué creencias me impiden sentirla ahora?
   → ¿Qué pequeñas acciones podrían acercarme hoy a esa sensación?

2. Luego completa esta frase: «Hoy elijo paz financiera porque...»

3. Escríbela a diario durante una semana y obsérvate. La paz no es un destino. Es una forma de caminar.

CAPÍTULO 17 – Cómo sostener el cambio: hábitos, entornos y energía

«No se trata solo de cambiar. Se trata de sostener lo nuevo…
hasta que se vuelva tuyo»

Hacer un clic interno es poderoso. Darse cuenta, despertar, emocionarse, decidir… ¡eso transforma! Pero igual de importante que el cambio es la capacidad de sostenerlo, porque los viejos patrones no se rinden fácilmente.

El mundo que te rodea quizás no ha cambiado contigo y tu mente, muchas veces, intentará volver a lo conocido por seguridad.

Por eso, sostener tu nueva relación con el dinero requiere más que intención:

Requiere amor, consciencia diaria… y mucha suavidad contigo.

Tres pilares para mantenerte en tu nuevo camino

1. Hábitos conscientes

Los grandes cambios no vienen de actos heroicos… sino de actos cotidianos.

En mi caso, he descubierto que dedicar un rato cada día a pequeños hábitos me da mucha paz. Cosas que antes me costaban, como caminar todos los días o dedicarle un rato al inglés, ahora forman parte de mi rutina y me hacen sentir bien. También me ayuda mucho meditar, agradecer y sentarme a pensar en lo que está bien hecho: mis inversiones bien gestionadas, las facturas al día, los proyectos gestionados... Incluso esas tareas que a veces dan pereza, como trámites burocráticos, cuando las hago, me dan tranquilidad y orgullo.

→ Revisar tus cuentas desde la paz, no desde el miedo.

→ Celebrar cada decisión coherente, aunque sea pequeña.

→ Ahorrar, aunque sea poco, pero con constancia.

→ Invertir en ti sin esperar el momento perfecto.

Hazlo fácil y hazlo amable.

2. Entorno que te acompaña

El entorno influye más de lo que creemos.

A mí me ha ayudado mucho hacer formaciones y pertenecer a grupos que están en la misma sintonía que yo. Hablar con personas que resuenan con este camino de conciencia financiera y personal me sostiene, me inspira y me recuerda que no estoy sola. Elegir bien con quién comparto mis inquietudes y mis logros marca una gran diferencia. Ir a eventos, cursos, charlas, formaciones... todo esto me nutre.

Rodéate de personas, contenidos y espacios que reflejen tu nueva identidad.

→ ¿Con quién hablas de dinero? ¿Te suma o te resta?

→ ¿Qué redes sociales consumes? ¿Te expanden o te comparan?

→ ¿Dónde pones tu atención cada día?

Tú eliges qué nutre tu energía y qué te desconecta de ti.

3. Cuidado de tu energía

Tu cuerpo habla. Tu energía lo sabe todo antes que tu mente.
→ ¿Qué decisiones te dan paz, aunque no sean las más «lógicas»?
→ ¿Qué hábitos financieros te contraen, y cuáles te expanden?
→ ¿Qué necesitas cada día para estar presente y en calma?

Por ejemplo, quitarme la hipoteca me dio mucha paz, aunque a veces no sea lo más rentable desde el punto de vista de los números. Para mi marido y para mí, sentirnos libre de esa carga era más importante que cualquier cálculo financiero. Lo curioso es que, a lo largo de los años, he hablado con muchísimas personas que sienten exactamente lo mismo. Para ellas, poder decir «la casa es mía» es un alivio enorme, una tranquilidad que va mucho más allá de los números o de lo que digan los expertos.

No es solo una decisión financiera, es una decisión emocional y mental. Y, aunque en teoría no sea la más «eficiente», para mucha gente es la que más paz les da. Y eso, al final, también es riqueza.

Cada día, para estar bien, necesito pasear, pensar, conectar conmigo misma. Esos pequeños gestos son mi ancla y mi forma de sostener el cambio.

Sostener el cambio no es exigirte constancia perfecta, es hacer un poco cada día, aunque sea de forma imperfecta.

Ejercicio: Ritual semanal de reconexión

Elige un día a la semana. Reserva 30 minutos solo para ti y haz lo siguiente:
- o **Revisión amorosa:** ¿Cómo me fue esta semana con el dinero? ¿Qué decisiones me conectaron? ¿Qué podría ajustar?

○ **Agradecimiento consciente**: Escribe 3 cosas que agradeces de tu situación financiera actual, por pequeñas que parezcan.

○ **Visión próxima:** ¿Qué me gustaría crear la próxima semana? ¿Qué paso concreto voy a dar?

Haz de este ritual un momento bonito. Con música, un café, o lo que te inspire. Que tu economía sea también un espacio de placer y conexión.

Recuerda:

No necesitas hacer todo perfecto. Solo necesitas volver a ti cada vez que lo olvides. Y si caes... no has fallado, solo estás aprendiendo a caminar de nuevo.

CAPÍTULO 18 – Una relación diferente con el dinero: confiar, crear y fluir

«El dinero no es solo números. Es también cómo te sientes
y cómo te relacionas contigo mismo cuando lo usas»

A lo largo de este libro has mirado tu historia, tus creencias, tus hábitos y tu forma de tomar decisiones.

Ahora te propongo dar un paso más: empezar a ver el dinero no solo como algo práctico, sino también como algo que está muy conectado a tu forma de estar en la vida.

No hace falta ser «espiritual» para entenderlo, basta con observar:

Cuando te relacionas con el dinero desde la confianza, todo es más fácil, cuando lo haces desde el miedo o la culpa, todo pesa más.

Cuando agradeces lo que tienes, incluso lo pequeño, es más sencillo disfrutar y tomar mejores decisiones.

- ¿Desde dónde te relacionas con el dinero?
- ¿Desde la confianza o desde la preocupación?
- ¿Desde la gratitud o desde la queja?
- ¿Desde el permiso a disfrutar o desde la culpa?

No se trata de hacerlo perfecto, sino de tomar conciencia de tus emociones y pensamientos cuando gestionas tu dinero.

Puedes tener la mejor estrategia, pero si la vives desde la ansiedad, no te dará paz.

Mi experiencia: Aprendiendo a confiar y fluir

Reconozco que he ido aprendiendo a confiar en la vida y en mí misma. Sea lo que sea que pase con mi dinero, sé que tengo recursos internos para salir adelante, adaptarme y buscar soluciones. También he aprendido a fluir más: a darme caprichos sin culpa, a disfrutar de lo que tengo y a no vivir con miedo constante al futuro.

La verdad es que casi nunca he estado muy preocupada por el dinero. Me considero afortunada y, mirando atrás, creo que mi marido y yo lo hemos hecho bien juntos. Nos hemos apoyado, hemos tomado decisiones con calma y, sobre todo, hemos sabido disfrutar el camino. Hoy me felicito por ello, porque también es importante reconocer lo que uno hace bien.

Tres ideas para vivir el dinero con más calma:

1. Confiar

Confiar no es pensar que todo va a salir bien siempre. Es saber que tienes recursos internos para adaptarte, aprender y salir adelante, incluso cuando hay imprevistos. Es darte permiso para invertir en ti, para disfrutar, para pedir ayuda si lo necesitas.

2. Crear

No solo se trata de administrar lo que tienes, sino de atreverte a crear nuevas oportunidades: aprender algo nuevo, buscar formas de mejorar tus ingresos, o simplemente imaginar cómo te gustaría que fuera tu vida financiera.

3. Fluir

El dinero está para moverse: para cubrir tus necesidades, para darte algún capricho, para ayudar a otros si lo sientes. No se trata de acumular por miedo, sino de usarlo de forma consciente y flexible, sin culpa ni presión.

Caso de Carlos:

Carlos era un cliente que sentía que su sueldo no le llegaba para todo lo que quería hacer. En vez de resignarse, empezó a buscar formas de generar un ingreso extra: primero dando clases particulares, luego vendiendo cosas que ya no usaba. No se hizo rico de la noche a la mañana, pero me contaba que el simple hecho de crear nuevas posibilidades le hizo sentir más dueño de su vida y menos víctima de las circunstancias.

Ejercicio sencillo: Tu momento de calma con el dinero

- Busca un rato tranquilo esta semana.
- Piensa en una situación reciente con el dinero que te haya generado ansiedad o culpa.
- Respira hondo y pregúntate:
  → ¿Qué necesito ahora para sentirme más en calma?
  → ¿Puedo agradecer algo de mi situación actual, aunque sea pequeño?
  → ¿Qué pequeño paso puedo dar para sentirme más seguro o tranquilo?

No hace falta hacer grandes rituales ni cambios drásticos. Solo parar, respirar y recordarte que el dinero es una parte más de tu vida, y que puedes aprender a vivirlo con más serenidad y confianza.

Recuerda:

No necesitas ser experto en nada. Solo necesitas escucharte, confiar en ti y permitirte disfrutar y crecer, también en tu relación con el dinero.

CAPÍTULO 19 – Tu manifiesto de libertad financiera interior

«La libertad financiera empieza en tu conciencia»

Llegar hasta aquí ya es un logro. Has mirado dentro, has cuestionado tus creencias, has tomado decisiones valientes y has dado pasos hacia una relación más sana y consciente con el dinero.

Ahora quiero regalarte algo especial: **Un manifiesto sencillo, para que lo hagas tuyo.**

Léelo en voz alta, escríbelo a mano o guárdalo cerca para esos días en los que necesites recordar lo que de verdad importa. No es una meta ni una teoría más, es una brújula para volver a ti cada vez que lo olvides.

Mi manifiesto de libertad financiera interior

- Hoy elijo la confianza.
- Confío en que, pase lo que pase, encontraré recursos dentro y fuera de mí para salir adelante.
- Confío en mi capacidad de aprender, adaptarme y volver a empezar las veces que haga falta.
- Hoy pongo en el centro a mi familia.
- Recuerdo que lo más valioso no se mide en cifras, sino en momentos compartidos, en apoyo, en amor y en risas.

- Hoy acepto que no necesito tenerlo todo bajo control.
- Me permito fluir con la vida, con los cambios, con lo inesperado.
- Dejo espacio para la sorpresa, la flexibilidad y la calma.
- Hoy elijo una mentalidad positiva.
- Veo los retos como oportunidades para crecer.
- Me hablo con cariño y celebro cada pequeño avance, aunque sea imperfecto.
- Hoy saco mi «mentalidad de tiburón» cuando hace falta. Esta frase la usan mis hijos, y como yo les digo, a veces toca ser valiente, ir a por lo que quiero, no rendirme ante el primer obstáculo y confiar en mi fuerza interior.
- Me felicito por cada paso dado y por atreverme a mirar hacia dentro.

Llévate este manifiesto como un recordatorio. Vuelve a él siempre que lo necesites.

No importa en qué punto estés, ni cuánto tengas o no tengas. Lo importante es cómo eliges vivirlo, cómo te hablas y cómo te cuidas en el proceso.

CAPÍTULO 20 – Epílogo:
Tu alma, tu dinero, tu camino

«Este no es el final de un libro.
Es el comienzo de una nueva forma de vivir»

Quizás, después de todo este viaje, aún notes dentro de ti una pequeña insatisfacción, un «algo» que parece no llenarse nunca. Es normal. Vivimos en una sociedad que nos empuja a buscar fuera, a creer que la siguiente compra, el siguiente logro o producto nos dará, por fin, esa felicidad que anhelamos.

Pero mi experiencia, y la de tantas personas a las que he acompañado, me ha enseñado que la insatisfacción no se calma con más dinero, ni con estrategias mágicas, ni con una vida perfecta por fuera. La insatisfacción aparece cuando nos alejamos de nuestro verdadero interior, cuando dejamos de escucharnos y de vivir en coherencia con lo que somos y sentimos.

El dinero puede darnos comodidad, posibilidades y libertad, pero nunca podrá llenar un vacío existencial o emocional. Solo cuando volvemos a nosotros mismos, cuando nos permitimos sentir, agradecer y vivir desde la autenticidad, la insatisfacción se transforma en calma y gratitud. No busques fuera lo que solo puedes encontrar dentro.

Tu paz, tu satisfacción más profunda nacen de tu conexión contigo mismo, no de lo que tienes o consigues.

Llegaste al final de estas páginas

Tu camino no termina aquí. Este libro no es solo para leer y guardar, es para releer, para consultar, para acompañarte en los momentos de duda o de celebración.

Quizá no tienes todas las respuestas, y eso está bien. Lo importante es que ahora sabes dónde buscarlas: En tu cuerpo, en tus emociones, en tu conciencia y en tu día a día.

Ya no necesitas estrategias ajenas si no resuenan contigo, ya no necesitas compararte ni validarte fuera.

Ahora sabes que el dinero es solo una parte de tu vida, y que tu valor no depende de él. Tú eres tu mejor inversión.

Cada vez que te escuchas, te cuidas, te das permiso para disfrutar y para aprender, estás invirtiendo en tu libertad, en tu paz y en tu felicidad.

No necesitas hacerlo todo perfecto. Solo necesitas volver a ti, una y otra vez, y confiar en que el camino se hace andando.

¿Y ahora, qué?

Lo que tú elijas.

Puedes volver a leer este libro y descubrir cosas nuevas.

Puedes empezar un proyecto, cambiar un hábito, compartir lo aprendido o simplemente vivir con más ligereza y confianza.

Y si sientes que este viaje te ha ayudado, anímate a recomendarlo o a regalarlo a alguien a quien quieras. A veces, una lectura compartida puede ser el inicio de grandes cambios también para otros.

Este es tu camino.

Lo estás recorriendo con valentía y autenticidad. Nunca olvides quién eres, ni todo lo que ya has logrado.

Ahora es momento de vivirlo, a tu manera.

Gracias por atreverte a mirar hacia adentro.
Gracias por confiar en ti y en este proceso.

ANEXO:

HOJA DE RUTA INTERIOR HACIA TU LIBERTAD FINANCIERA

1. ¿Dónde estoy hoy?

¿Cómo me siento con el dinero ahora mismo?
¿Qué patrón, herida, creencia o emoción reconozco en mí?

2. Mi visión y mis valores

¿Cómo quiero sentirme con el dinero dentro de un año?
¿Qué valores y necesidades quiero que guíen mis decisiones económicas?

3. Metas emocionales y prácticas

¿Qué quiero sanar, cambiar o conseguir en mi relación con el dinero?
¿Qué objetivo concreto me haría sentir orgulloso y como sabré que lo he logrado?

4. Primeros pasos y hábitos

¿Qué acción pequeña puedo dar esta semana para acercarme a mi visión?

¿Qué hábito me gustaría incorporar?

¿Qué me comprometo a probar durante los próximos 7 días?

5. Revisión y celebración

¿Cuándo revisaré mis avances?, elige un día y hora cada semana o mes.

¿Cómo me felicitaré o celebraré cada pequeño logro?

¿Qué haré si me desvío o me cuesta mantener el rumbo?

6. Frase de compromiso

Escribe una frase que te inspire y te recuerde tu propósito.

Ejemplo: «Elijo vivir mi economía desde la calma, la conciencia y el amor propio».

Consejo:

Imprime esta hoja, rellénala a mano y colócala en un lugar visible. Vuelve a ella siempre que lo necesites, ajústala y celebra cada paso, por pequeño que sea.

AGRADECIMIENTOS

Antes de cerrar estas páginas, quiero dejar un **GRACIAS** enorme y sentido.

A mi **madre,** mujer generosa y buena, dedicada en cuerpo y alma a su casa, a sus hijas y a su marido. Su entrega fue la base en silencio de todo. Gracias, por tanto, mami, te quiero.

A mi **padre,** trabajador incansable, valiente y visionario, que llevó adelante nuestra casa con esfuerzo y sabiduría. El dinero siempre estuvo bien llevado en sus manos. Papá, yo he crecido admirándote. Gracias por todo, te quiero.

A mis hermanas, que son mi familia, mi raíz y la base de mi infancia. Os quiero.

A mi marido y mis hijos, mi mayor tesoro. Gracias por vuestro amor, por vuestro apoyo incondicional, por ser mi vida y mi motor. Todo lo que soy y todo lo que hago tiene sentido porque os tengo cerca.

A toda mi familia, tanto la de origen como la familia adquirida a lo largo del camino, gracias por ser parte de mi historia.

A todos **mis amigos y amigas**, por estar siempre, por ser mi familia elegida, gracias por escucharme, por animarme, por los paseos y consejos. Gracias por todo.

A **María del Mar**, por tu generosidad al escribir el prólogo y por tu forma de ver la vida, siempre inspiradora. Gracias por ponerle palabras a mi historia y por dedicar tu tiempo y tu sensibilidad a acompañar el nacimiento de este libro.

A **Sara,** mi maestra y gran inspiración durante tantos años. Gracias a ti he aprendido el valor profundo de la meditación y el cuidado del ser interior. Sara tus palabras en este libro son un regalo para mí y espero que también iluminen a quienes lo lean.

A **todos los que me habéis inspirado, formado y ayudado**, gracias.

A **Rubén Abella**, por leer mi manuscrito y regalarme consejos valiosos. Es un honor contar con tu ayuda generosa y tu experiencia. Gracias.

A **Círculo Rojo** por acompañarme en este sueño.

A ti, **lector,** que has llegado hasta aquí, gracias por abrir este libro y por abrirte a ti mismo.

Y, por último, **gracias a mí misma.** Por no rendirme, por atreverme a mirar hacia dentro, por seguir aprendiendo y por permitirme escribir este libro desde el corazón.

**Ojalá que mis palabras, mis aprendizajes
y mi cariño lleguen a más personas que lo necesiten.**

BIBLIOGRAFÍA

- Pierrakos, E., & Thesenga, D. (1994). No temas el mal: Método Pathwork para transformar el ser inferior. Pax México.

- Bourbeau, L. (2001). Las cinco heridas que impiden ser uno mismo. Ediciones Obelisco.

- Samsó, R. (2020). El código del dinero: Conquista tu libertad financiera (19ª ed.). Ediciones Obelisco.

- Kiyosaki, R. T. (1997). Padre rico, padre pobre: Qué les enseñan los ricos a sus hijos acerca del dinero, ¡que los pobres y la clase media no! Aguilar.

- Eker, T. H. (2011). Los secretos de la mente millonaria (2ª ed. puesta al día, 2ª imp.). Editorial Sirio.

- Robbins, T., & Mallouk, P. (2021). El camino: Acelera tu viaje hacia la libertad financiera. Deusto.

- Housel, M. (2025). *La psicología del dinero*. (A. Figueras Deulofeu, Trad.). Booket. ISBN: 978-84-08-30454-8. (Edición española actualizada, 320 páginas)

SOBRE MÍ

Soy Gema González, economista, coach y especialista en educación financiera y desarrollo personal. Tras más de dos décadas en la banca, sentí la necesidad de dar un giro a mi vida y emprender mi propio camino, acompañando a personas que buscan una relación más humana, serena y consciente con el dinero.

Me apasiona aprender, crecer y compartir lo que la vida y la experiencia me han enseñado. En estas páginas he volcado mi visión, mis aprendizajes y mi deseo profundo de ayudar a transformar la vida financiera y emocional de quienes me rodean.

Viajar, pasear y escuchar audiolibros son algunos de mis pequeños placeres. Pero, sin duda, mi mayor fuente de inspiración y amor es mi familia: mi marido y mis dos hijos. Aunque la distancia a veces nos separe, siempre estoy pendiente de los míos y de quienes quiero.

Creo firmemente que el dinero es solo una herramienta al servicio de la vida y que la verdadera abundancia nace de la coherencia, la gratitud y el respeto a uno mismo. Mi mayor deseo es que cada persona pueda construir una relación sana, serena y feliz con el dinero… y consigo misma.

www.gemagonzalezp.com